C=O
NH2
CH3-CH2-CH2-CH3
CH3-COO
NO2
2Al(OH)3→Al2O3+3H2O
R1
HN
N
O
CN
CN
R2
CH3C=O
NH2
H
C
H
C
C
H
C
H

곤충들의 놀라운 세계

대한과학진흥회 엮음

스완미디어
SWAN MEDIA

책 머리에

오늘날 우리들은 고도로 발달된 과학 문명의 혜택 속에 살고 있습니다.

우리의 선진 조국 창조를 위해 무엇보다 중요한 것이 과학기술의 개발입니다. 특히 자원이 부족한 우리나라에서 가꾸어야 할 유일한 자원은 과학 기술로 무장한 풍부한 인력 자원입니다.

대한 과학 진흥회에서는 배우는 학생들을 위해 사물을 깊이 관찰하는 습관과 합리적이고 창의적인 과학적 사고를 심어 주기 위한 방법의 하나로 과학 문고를 엮어 내고 있습니다.

과학 문고를 펴냄에 있어서 딱딱한 과학지식을 그림을 곁들여 쉽고 재미있게 이야기로 풀어 써서 학생들이 스스로 원리를 발견하고 재미를 느끼게 함으로써 과학의 여러 분야에 대하여 흥미를 갖고 접근할 수 있도록 하였습니다.

이 책과 더불어 많은 학생들이 과학에 깊은 관심을 갖고 탐구심과 창의력을 기르며 과학을 생활화 할 줄 아는 사람이 되는데 많은 도움이 되었으면 하고 바라는 마음 간절합니다.

기획편찬 **대한과학진흥회**

차례

곤충들의 특징

곤충의 세계에서도 올림픽대회가 있다면 진귀한 기록을 세울 선수들이 많습니다.

곤충들도 사람들처럼 각 종목에 뛰어난 선두들이 많으니까요.

사람들은 땅 위에서, 물에서만 경기를 하지만 곤충들은 공중에서도 경기를 합니다.

그 뿐이 아닙니다. 누가 오래 땅속에 있는가 서로 시합하는 곤충도 있습니다.

곤충들이 한자리에 모일 기회가 없어서 그렇지 만일 한자리에 모여 올림픽대회를 연다면 참 재미있을 것입니다.

뜀뛰기 선수

곤충들 중에 특히 뜀뛰기 선수가 많습니다. 그 까닭은 아마 적을 피하기 위해서라 합니다.

뜀뛰기를 제일 잘하는 선수는 메뚜기입니다. 메뚜기는 자기 몸길이의 20배나 되는 거리를 뛸 수 있습니다. 사람으로 비유하면 축구 경기장을 세로로 삼단뛰기 하는 거와 같습니다.

메뚜기의 뒷다리는 아주 깁니다. 허벅지와 정강이 사이가 매우 좁습니다. 뛸 때는 그 각도를 갑자기 넓힙니다. 그 힘으로 아주 멀리 뛸 수 있습니다.

▲ 멀리뛰기 챔피언 메뚜기

곤충들의 뒷다리는 대부분 몸을 끄는 일을 합니다. 그러나 메뚜기의 뒷다리는 몸을 미는 일을 합니다. 그러니 멀리 뛸 수 밖에 없지요.

또 메뚜기의 2개의 뒷다리는 걸을 때도 번갈아 옮기는 것이 아닙니다. 한꺼번에 2개의 다리가 움직입니다. 2개의 뒷다리가 몸무게의 8배의 미는 힘을 낼 수 있습니다. 또 뜀뛰기할 때는 몸무게의 2만 배나 힘을 낼 수 있습니다.

그러면 메뚜기는 얼마나 멀리 뜀뛰기 할까요? 보통 75cm 정도 뛴다고 합니다. 뜀뛰기에서 메뚜기는 금메

▲ 귀뚜라미

달 감입니다. 그 다음 은메달 감은 귀뚜라미입니다. 60cm까지 뜁니다.

동메달 감은 누구일까요? 같은 나라에서 금메달 동메달을 따는 꼴이 됩니다. 어린 메뚜기입니다. 갓 깨어난 메뚜기의 뜀뛰기 실력은 아주 놀랄 만합니다. 50cm나 뛰니 소년 체육대회라도 생기면 단연 금메달 감이지요.

4등 감은 셋이나 됩니다. 실력이 비슷해서 등수를 가리기가 어렵습니다. 그래서 셋을 4등으로 뽑았습니다.

멸구, 뿔매미, 벼룩입니다. 모두 30cm나 뜁니다. 벼룩으로 말하면 몸길이 200배나 뛴 것이 됩니다. 키가 170~180cm나 되는 사람이 약 300m를 뛴 것과 같습니다. 그러니 사람들의 실력은 이런 곤충에 비하면 아무것도 아닙니다.

다음 5등 감은 잎벌레로 25cm, 6등 감으로 독토기입니다. 20cm나 뜁니다.

또 3종 경기의 실력자도 있습니다. 한꺼번에 3가지 종목의 기록을 가진 선수는 방아벌레입니다. 방아벌레는 발딱 뒤집혀도 원래대로 일어설 수 있습니다. 뒤집어 놓으면 가슴에 있는 날카로운 가시가 배의 홈에 걸릴 때까지 가슴을 젖힙니다. 그 반동으로 공중으로 뛰어올랐다가 땅에 내려앉습니다.

방아벌레는 새나 도마뱀에게 잡히면 딱딱 소리를 냅니다. 이 소리에 놀란 새는 물었던 방아벌레를 떨어뜨리고 맙니다. 방아벌레가 떨어질 때는 다리를 오므리고 뒤집혀 떨어집니다. 떨어지면 몇 분 동안 꼼짝않고 죽은 체합니다. 그러다가 다시 소리를 내며 공중으로 날아오릅니다.

방아벌레는 높이 뛰기, 멀리 뜀뛰기, 소리내기 등의 세 가지 실력을 한꺼번에 나타내기도 합니다.

비행 선수

곤충은 걷기도 하고 뛰기도 하고 날기도 합니다. 사람에 비하면 재주가 아주 뛰어나지요.

그런데 공중을 날아다니는 실력은 놀랍습니다. 물론 자기 몸에 날개가 있어 날 수 있지만 신기하기도 합니다.

그러면 제일 빠른 선수들부터 꼽아 볼까요?

바람이 불지 않는 날의 기록을 잰 것을 보면 다음과 같습니다.

금메달로는 1시간에 40km나 날 수 있는 꽃등에, 잠자리, 박각시나방이 있습니다.

은메달로는 1시간에 20.8km나 날아가는 말벌, 꿀벌이 있습니다.
동메달로는 1시간에 19.2km나 날아가는 나비가 있습니다.
다음 4등으로는 한 시간에 8km나 날아가는 집파리가 있습니다.

곡예 비행 선수

하늘에서 곡예를 멋지게 하는 곤충도 있습니다. 곡예 비행사라 하면 알맞은 이름입니다.
잠자리의 공중 곡예는 참으로 볼만합니다. 잠자리는 가늘고 긴 2쌍의 날개를 따로따로 움직입니다. 즉 앞날개와 뒷날개를 번갈아 아래 위로 오르내리면서 날아다닙니다. 이 잠자리는 몇 시간이고 공중 곡예를 할 수 있다니 곡예 비행사로 으뜸이 됩니다.

▲ 하늘의 곡예사 잠자리

매미잡이벌은 노로 물을 젓는 것과 같이 날개를 움직여 날아다닙니다. 매미잡이벌은 날개를 위로 올릴 때는 노를 올렸을 때와 같은 모습입니다. 날개를 내렸을 때는 노로 물을 찰싹 때리는 모양이 됩니다.

사격 선수

곤충은 먹이를 얻기 위해 곧잘 사격을 합니다. 또 자기 몸을 지키기 위해 사격을 합니다. 사격을 하는 데 쓰이는 대포를 가지고 있는 곤충이 있다면 놀랄 겁니다.

폭탄먼지벌레는 대포 한 방으로 자기 몸을 지킵니다. 그 대포는 폭탄먼지벌레의 배 뒤쪽에 붙었습니다. 대포를 쏘면 '펵' 하는 소리가 납니다. 이것은 액체를 내뿜느라 나는 소리입니다. 이 액체는 공기에 닿으면 안개가 됩니다. 폭탄먼지벌레는 앞 뒤, 양 옆으로 마음대로 대포를 쏩니다. 또 연거푸 대포를 쏩니다. 또 쏜 대포알은 정확히 맞고 맙니다. 놀라운 사격 솜씨입니다.

4분 동안 29번이나 대포를 쏜 기록도 있다 합니다.

폭탄먼지벌레는 큰 개미 종류와 200번이나 싸웠는데 피해를 입은 일이 한 번도 없었다고 합니다.

또 사마귀나 거미같은 강한 적도 대포 한 방으로 물

리친다고 합니다.

폭탄먼지벌레의 배에는 1쌍의 방이 있습니다. 대포알인 액체(물)를 여기에 갈무리 합니다. 세 종류의 물질이 생겨 여기에 저장됩니다.

대포를 쏠 때는 이 방문이 저절로 열립니다. 그리고

액체(물)가 뿜어져 나가게 됩니다. 웬만한 적은 이 대포 한 방에 겁을 집어먹고 물러가기 마련입니다.

힘이 센 선수

만일 곤충들의 역도 경기가 있다면 참으로 재미있는 구경거리가 될 것입니다.

곤충은 몸의 크기에 비해 굉장한 힘을 갖고 있습니다. 무거운 물건을 자기 몸에 비해 거뜬히 들어올릴 수 있는 힘은 어디서 나오는지 아직 잘 모릅니다.

역도 부분의 챔피언은 개미입니다. 개미는 자기 몸무게의 50배나 되는 돌을 들어올릴 수 있습니다.

몸무게가 60kg인 사람이 3천kg의 돌을 들어올릴 수 있다는 얘기가 됩니다. 이런 실력이면 세계 역도 선수권 대회나 올림픽대회에 금메달은 틀림없을 것입니다. 아무도 이 실력을 넘볼 수 없을 것입니다.

또 멀리 물건 나르기 선수로는 꿀벌입니다. 꿀벌은 자기 몸무게의 500배나 되는 짐을 끌 수 있습니다.

60kg의 몸무게를 가진 사람이 3만kg의 짐을 끌 수 있다는 것입니다. 굉장한 장사가 아닙니까? 꿀벌의 힘은 사람 하나가 3대의 큰 트럭을 끄는 것과 같습니다.

사람들이 이만한 힘을 가졌다면 세상은 아주 달라질 수도 있습니다.

수영 선수

물 속에 사는 곤충이라고 다 수영 선수가 될 수 없고, 잠수부가 될 수 없습니다.

물 위에서 묘기를 잘 부리는 곤충이 있습니다.

소금쟁이와 물매미입니다.

소금쟁이는 가늘고 긴 몸과 짧은 앞다리, 긴 가운뎃다리, 뒷다리를 가지고 있습니다. 앞다리로는 물 위에서 먹이를 잡습니다. 가운뎃다리로는 물을 젓습니다. 배로 비유하면 노 구실을 합니다. 뒷다리는 키를 잡기 위하여 쓰입니다. 방향을 잡는 구실을 하지요.

소금쟁이의 묘기는 참으로 훌륭합니다.

얼음 위에서 스케이트 선수의 춤추는 묘기를 보았지요? 스케이트 선수 못지 않는 묘기입니다.

소금쟁이는 물 위를 재빨리 미끄러집니다. 수상스키 선수 못지 않습니다.

또 물 위에서 뛰어올랐다가 물에 내려앉습니다. 물에 내려앉아도 물에 빠지지 않습니다. 몸이 물에 젖지도 않습니다.

소금쟁이의 다리에 가느다란 털로 덮여 있습니다. 이 가느다란 털이 소금쟁이의 몸에 물을 묻지 않게 합니다.

또 가는 다리와 가벼운 몸 때문에 물에 빠지지 않습

▲ 물위에 떠 있는 소금쟁이

니다. 날개가 있으니 공중을 날 수도 있습니다. 그러나 물에서 미끄러지는 만큼 잘 날지 못합니다. 물매미도 물 위에서 묘기를 잘 부립니다. 물매미들은 연못의 물 위에 떼를 지어 제멋대로 돌아다닙니다. 그러다가 연못의 물이 마르면 물이 있는 다른 곳으로 날아갑니다. 비행사이기도 합니다.

물매미는 물 위를 빠른 속도로 빙글빙글 잘 돕니다. 그뿐 아닙니다. 물 속에서도 묘기를 잘 부립니다. 아주 훌륭한 잠수부지요. 물 속에 들어가는 기술이 뛰어납니다.

송장헤엄치개는 등과 배를 거꾸로 하여 헤엄칩니다. 좀 이상한 곤충이지요. 수영으로 치면 배영이 되는 셈입니다. 배영은 위를 향해 반듯이 누워서 치는 헤엄입니다. 이걸 등헤엄, 송장헤엄이라고도 합니다.

잠수부로는 장구벌레가 유명합니다. 장구벌레는 우리 사람들의 피를 빨아먹는 모기의 애벌레입니다. 장구벌레는 물 속에서 삽니다. 숨을 쉬는 관을 물 위로 내놓고 숨을 쉽니다. 사람들은 물 속에 들어갈 때 산소 호흡기를 짊어지고 들어갑니다. 숨 쉬는 관이 바로 잠수부의 산소 호흡기와 같습니다.

꽃등에의 애벌레도 훌륭한 잠수부입니다. 배 끝에 15cm 정도의 잠망경 같은 관을 가지고 있습니다. 그

▲ 잠수선수 장구벌레

끝에 공기를 빨아들이는 숨구멍이 있습니다. 이 숨구멍을 물 위에 내어놓고 숨을 쉬면서 물 속 밑바닥의 먹이를 잡아먹습니다.

물 속에서 제일 오래 잠수한 기록은 36시간입니다. 이들은 다 물 위에 숨구멍을 내놓고, 그 관으로 숨을 쉬기 때문입니다.

오래 날기 선수

사람으로 치면 마라톤 경기와 같은 것이 바로 공중을 오래 날기입니다.

광대파리는 6시간 반이나 계속 날 수가 있다고 합니다.

사막메뚜기는 마라톤 선수의 왕입니다. 72시간이나 계속 날 수 있습니다. 이 메뚜기는 떼를 지어 날아다닙니다. 이 메뚜기 떼가 하늘을 날면 마치 하늘에 구름이 낀 것처럼 컴컴하다고 합니다. 넓은 들판에 사막메뚜기가 내려앉으면 곡식밭은 그만 벌거숭이가 됩니다. 곡식 잎을 하나도 남김없이 긁어 먹기 때문입니다.

사흘 밤, 사흘 낮을 날아간다면 그 실력은 대단합니다. 몇 백km나 되는 먼 거리를 날아간다는 것입니다.

아프리카 동부에서 메뚜기 떼는 굉장했습니다.

메뚜기 떼의 길이는 1.6km, 메뚜기 떼의 넓이는 30m, 두께 30m였다고 합니다. 이쯤 되면 커다란 구름 뭉치 같습니다. 이 메뚜기 떼의 속력은 한 시간에 10km로 9시간이나 걸렸다고 합니다. 그리고 3천2백 km의 여행을 했다고 합니다.

나비 종류의 하나인 모나크나비도 긴 여행을 즐기는

▲ 모나크나비

여행가입니다.

멕시코의 높은 산간 지방에 모나크나비가 떼 지어 숲을 뒤덮고 앉는 일을 자주 본다고 합니다.

이럴 때는 북쪽으로의 먼 봄 여행을 위해 쉰다고 합니다.

한 전나무에 보통 수백만 마리가 앉아 쉬고 있는 것입니다.

이 모나크나비는 북아메리카에서 이곳으로 여행을 왔습니다. 모나크나비가 쉬고 있는 멕시코의 산간 지방은 3천m나 높은 곳에 있습니다. 기온이 서늘합니다. 여기엔 기온이 일정하기 때문에 여기서 가만히 쉬게 됩니다. 모나크나비가 쉬기에 알맞은 기온입니다.

봄이 올 무렵 모나크나비는 북쪽으로 날아갈 여행 준비를 합니다.

머나먼 대륙을 날아갈려면 굉장한 힘이 필요합니다. 그 힘을 쌓기 위해 쉬는 것입니다. 북쪽으로의 이동이 끝나면 모나크나비의 일생도 끝납니다.

권투 선수

권투 선수의 챔피언은 귀뚜라미입니다. 귀뚜라미는 발로 차고 입으로 물어뜯으며 싸웁니다. 태국에서 유

래되는 킥 복싱과 같습니다. 손으로는 치고 발로 차는 권투입니다.

사람이 하는 권투는 케이오가 되면 그만입니다. 그러나 귀뚜라미는 서로 죽을때까지 싸웁니다.

귀뚜라미는 자기 구역 안에 다른 귀뚜라미가 침입해 오면 이렇게 치고 받고 물어뜯으며 싸웁니다.

옛날 중국에서는 귀뚜라미 싸움을 붙여 노름 경기를 하였다고 합니다.

귀뚜라미를 튼튼하게 길러서 싸움을 시킵니다. 싸움

에서 이긴 귀뚜라미는 대장군으로 불렀습니다. 귀뚜라미에게 싸움을 붙이고 돈내기를 하였습니다.

힘센 귀뚜라미가 되도록 하기 위해 사람의 피를 빨아 먹은 모기를 먹인답니다. 이 모기를 먹고 자란 귀뚜라미는 튼튼하고 기운이 세집니다. 챔피언으로 만들기 위한 중국 사람들의 지혜가 놀랍습니다.

평화가 없는 세계

숲속이나 언덕, 모래 벌판에는 곤충들의 전쟁터입니다. 항상 싸움으로 지새는 곳입니다.

잡아먹지 못하면 잡혀 먹힙니다. 살아가기 위해서는 늘 적을 경계해야 하고, 공격으로부터 방어해야 합니다. 또 공격도 해야 합니다. 곤충은 싸움터의 병사입니다.

덫을 놓아 먹이 사냥

모래 벌판에서는 먹이를 쫓고, 다른 편에서는 적으로부터 피해다녀야 합니다. 또 더위와도 싸워야 합니다.

개미귀신은 덫을 놓는 명수입니다. 이름 부터 무서운 개미귀신은 명주잠자리의 애벌레입니다.

개미귀신은 깔때기 같은 구멍을 파고 그 밑 모래 속에서 삽니다. 머리와 큰 집게 모양의 큰 턱을 내밀고 구멍바닥에 웅크리고 있습니다. 깔때기 모양의 구멍으로 먹이가 굴러 떨어지기를 기다립니다.

개미와 그밖의 먹이가 구멍 가장자리를 지나다가 모래가 무너지면서 밑바닥으로 떨어집니다. 기다리고 있던 개미귀신은 큰 턱으로 먹이를 잡아먹습니다.

떨어진 먹이가 버둥거리면 개미귀신은 머리로 소리를 내면서 모래알을 튕겨 올려 미끄러지게 합니다.

▲ 개미귀신이 덫을 친 모습

▲ 개미귀신

큰 턱으로 물어 모래 속으로 끌고 들어갑니다.

먹이를 다 먹으면 껍데기만 밖으로 내버립니다.

개미귀신은 물기가 없는 모래밭에서만 깔때기 모양의 구멍을 팝니다. 물기가 있는 장소는 먹이가 미끄러져 떨어지지 않기 때문입니다.

길앞잡이의 애벌레도 덫으로 사냥하는 선수입니다.

길앞잡이의 애벌레는 30cm에서 60cm되는 깊이의 구멍을 팝니다.

먼저 큰 머리로 구멍의 입구를 막습니다. 먹이가 조용히 지나가기만 기다립니다.

구멍 가까이로 지나가는 먹이가 있으면 재빠르게 낚

아챕니다. 먹이가 오면 등 뒤로 젖히듯이 달려들어 큰 턱으로 잡아챕니다.

초승달 모양의 큰 턱은 구멍 위로 내밀어 지나가는 곤충을 하나도 놓치지 않습니다. 길앞잡이는 배에 두 개의 큰 갈퀴를 가지고 있습니다. 웬만해서는 구멍 속으로 끌려온 먹이가 이 갈퀴 때문에 빠져나가지 못합니다.

먹이를 죄다 먹고 배가 부르면 구멍의 밑바닥의 서늘한 곳에 쉽니다.

길앞잡이는 딱정벌레와 비슷합니다. 비단 길앞잡이라고도 합니다. 몸길이는 10mm에서 20mm쯤 됩니다. 몸빛깔은 금록색 또는 금적색으로 빛납니다.

군대개미의 행군

군대개미의 행군은 참으로 재미있습니다. 세로로 줄을 지어 가는 것이 보통입니다. 그러나 가로로 늘어서서 행군하기도 합니다.

군대개미의 집은 일정하지 않습니다. 적을 쳐부수고 그 자리에서 삽니다. 고목나무의 구멍이 군대개미의 집이 됩니다. 어떤 때는 수많은 군대개미가 몸뚱이로 뭉쳐서 나뭇가지에 매달려 있기도 합니다.

군대개미가 행군할 때는 제일 앞이나 양 옆에는 커다란 큰 턱을 가진 병정개미들이 섭니다. 그 뒤엔 일개미가 따르고 가운데에는 제일 작은 일개미가 애벌레를 나르는 일을 맡고 있습니다.

참으로 잘 훈련된 군대입니다.

몸이 약하고 활발하지 못한 곤충들은 죄다 군대개미에게 잡힙니다. 군대개미는 잡은 곤충들을 운반하기 좋게 조각조각 찢습니다. 그리고 다시 행군합니다. 행군하다가 먹이를 발견하면 멀리서 둘러싸서 잡습니다.

포위하는 기술도 대단히 뛰어납니다.

군대개미는 행군하고 싸워서 먹이를 얻고, 야영지에서 휴식합니다.

개미 종류에서도 가장 무서운 적은 군대개미라고 말합니다. 다른 개미도 닥치는 대로 잡아먹기 때문입니다.

이 군대개미의 행군할 때의 수는 1만 마리에서 10만 마리입니다.

▲ 개미

밤에는 행군하고 낮에는 야영하면서 먹이를 찾습니다.

17일간은 행군하고 19일에서 20일간은 휴식을 취합니다. 야영을 할 때는 일개미들은 서로 다리를 그물코처럼 얽혀 여왕과 새끼를 보호합니다.

어디서 이런 훈련을 받았는지 군대개미 외는 알지 못합니다.

기습작전의 명수

나나니벌이 있습니다.

나나니벌은 몸 빛깔은 검고, 날개는 유리처럼 맑습니다. 배가 실처럼 가늘고 배 끝이 볼록합니다.

나나니벌의 암컷은 먹이를 저장하기 위해 사냥을 나갑니다.

사냥의 대상은 꿀벌입니다. 나나니벌은 꿀벌을 아주 맛있는 먹이로 생각합니다.

나나니벌은 꿀벌을 발견할 때까지 이꽃 저꽃으로 날아다닙니다. 꿀벌이 나타나면 나나니벌은 꿀벌 가까이로 갑니다. 갑자기 꿀벌에게 돌진합니다.

나나니벌은 꿀벌에게 달려드는 순간 침으로 찔러 죽입니다. 꿀벌은 이렇게 힘없이 나나니벌의 먹이가 됩니다. 나나니벌은 꿀벌을 물고 집으로 돌아옵니다.

잠자리는 겹눈으로 사방을 볼 수 있습니다. 80m 앞의 작은 물체도 쉽게 봅니다. 날아다니는 먹이를 보기가 바쁘게 다리를 바구니나 그물처럼 펴서 공중의 먹이를 잡습니다.

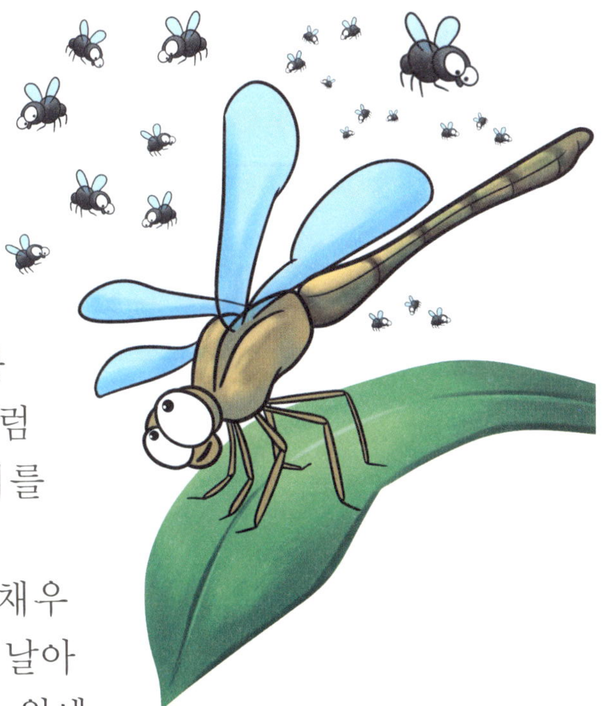

잠자리는 배를 채우기 위해서 늘 바삐 날아다닙니다. 잠시 풀 위에

쉬기도 하지만 자기의 몸무게와 같은 양의 먹이를 30분 만에 먹어치웁니다. 대단한 식욕이라 아니 할 수 없습니다.

위장술로 방어

싸움에는 공격도 중요하지만 방어도 중요합니다. 쳐들어오는 적을 잘 막으면 그것은 곧바로 승리가 되는 것입니다.

곤충도 싸움을 좋아하는 공격형도 있지만 방어만 전문으로 하는 것도 있습니다.

많은 곤충은 색깔과 무늬와 모양을 써서 위장을 합니다.

군인들도 전쟁 때면 밤에 공격하기 위해 얼굴을 검정으로 칠을 합니다. 배낭이나 옷에는 풀이나 나뭇가지를 꽂습니다. 먼 데서 보면 나무나 풀로 보이기 위한 위장술입니다.

스키부대 군인들의 옷은 흽니다. 눈 속을 헤매니까 눈처럼 하얗게 되어야 적의 눈에 띄지 않습니다.

곤충도 그렇습니다.

어떤 나비는 너덜너덜한 날개를 가지고 마른 잎처럼 보이게 합니다. 이끼 같은 것으로 덮여 있는 것 같은 무늬로 위장합니다.

송충이의 애벌레는 얼룩덜룩합니다. 움직이지 않으면 소나무 작은 가지처럼 보입니다.

여치의 몸 빛깔이 파란 나뭇잎 빛깔과 같습니다. 여치는 풀 숲에서 울다가 무슨 소리만 나면 뚝 그칩니다. 가만히 있으면 얼른 여치를 발견할 수 없습니다.

자기 몸을 숨기기 위해서 자기 몸을 둘레의 색깔과 같이 합니다. 이것을 보호색이라 합니다.

벼메뚜기는 여름에는 몸의 빛깔이 벼잎과 같이 파란

녹색입니다. 그런데 가을이 되면 메뚜기의 몸빛깔은 누렇게 됩니다. 벼가 누렇게 익으니까 메뚜기는 몸 빛깔을 벼처럼 변하는 것입니다.

자벌레의 몸 빛깔도 나뭇가지 색깔과 같습니다. 가만히 나뭇가지에 붙이고 있으면 적은 나뭇가지인 줄 알고 지나칩니다. 나뭇잎 줄기에 붙어 있는 자벌레의 몸 빛깔은 나뭇잎 색깔입니다.

소나무껍질을 닮은 하늘나방이 소나무 줄기에 앉으면 소나무 줄기처럼 보입니다. 흑백 얼룩무늬의 밤나

▲ 자벌레

▲ 노린재

방은 자작나무 껍질에 앉아 있으면 자작나무껍질처럼 보입니다.

노린재의 거친 얼룩무늬는 나무껍질에 앉으면 얼른 노린재를 발견할 수 없습니다.

이와 같이 날개나 몸 빛깔을 주위의 물체에 맞게 변화시키는 곤충은 너무도 많습니다.

영국의 피퍼드나방은 나뭇잎과 같은 몸 빛깔이었습니다. 그래서 몸을 잘 숨길 수 있었습니다.

그런데 공장이 많이 생겨나자 공장 굴뚝으로 나오는 연기 때문에 나무줄기가 그을기 시작하였습니다.

이 나방도 자기 몸을 보호하기 위하여 검은색으로 자기의 몸 빛깔을 변화시켰습니다. 공장지대의 나무가 연기로 죽어가자 이 나방은 시골로 이동하고 말았습니다.

적을 놀라게 하는 둔갑술

눈알무늬 각시나방은 보통 때는 보호색으로 쉬고 있습니다. 그러나 적이 공격해 오면, 앞날개를 펴고 뒷날개의 눈알무늬를 드러냅니다.

뜻밖의 물건이 나타나는 바람에 적은 겁을 집어 먹고 달아납니다.

눈알무늬 각시나방의 애벌레는 적이 가까이 오면 몸을 굽혔다 폈다 합니다. 머리를 부풀어오르게 하며, 눈알을 더욱 크게 합니다.

적은 이 모습을 보고 겁을 집어먹습니다.

밤나방의 애벌레는 몸을 굽혀 똑바로 세웁니다. 이럴 때면 진짜 머리는 몸 아랫부분으로 접혀 들어갑니다.

배 양쪽에 두 개씩 눈알무늬가 박혀 있습니다. 몸을 굽히면 배가 머리처럼 보입니다. 이때 눈알무늬가 진짜 눈 구실을 하며 겁을 줍니다. 눈이 네 개나 되니 적은 겁을 집어먹는 것도 당연하지요.

▲ 눈알무늬 각시나방

갈고리나방의 애벌레도 눈알로 적을 물러나게 합니다. 나뭇가지를 기어가고 있다가 적을 만나면 꼬리끝과 머리를 쳐들어 성난 모습을 합니다. 눈알이 퉁방울같이 보입니다.

▼ 거미집을 만들고 있는 거미

그물 사냥

사람들은 그물을 쳐 놓고 물고기를 잡습니다.

거미도 사람의 이 기술을 언제 배웠는지 오히려 사람들의 실력을 뛰어넘습니다.

왕거미는 5m~10m 이상의 나무 사이에 거미줄을 칩니다. 왕거미는 먼저 한 가닥의 거미줄을 나무 사이에 연결시킵니다. 여기에다 둥근 모양의 그물을 쳐 놓습니다.

그러면 어떻게 먼 거리 사이를 거미줄로 연결할까

요?

왕거미는 먼저 높은 나무로 올라가 몇 십 가닥의 실을 10m이건 20m이건 상관 않고 공중에 날려 보냅니다. 이것이 다리 구실을 합니다.

거미는 이 줄을 타고 몇 번이고 왔다갔다 하면서 튼튼한 다리줄을 만듭니다. 그리고는 중간이 되는 곳에 세로로 튼튼하게 실을 한 가닥 내려 Y자 모양의 나뭇가지처럼 만듭니다. 이것을 중심으로 그물을 둥글게 칩니다.

거미줄은 2~4가닥의 실로 꼬여 있고 여기에서 끈끈한 것이 쌓여 있습니다. 왕거미는 벌레가 걸려들기를 기다립니다. 다리를 두 개씩 나란히 모아 놓고 거꾸로 매달려 조용히 기다립니다.

거미는 한 개의 거미줄을 치는데 약 2시간이 걸립니다.

왕거미는 매일 새것으로 갈아 칩니다. 전날 쳐 놓은 것은 가로줄만 남겨 두고 걷어 치웁니다. 그리고 다시 둥글게 그물을 새로 칩니다.

왜 그럴까요?

거미줄은 오래 두면 끈끈이가 없어집니다. 끈끈이가 거미줄에 없으면 벌레가 걸리지 않습니다. 그래서 왕거미는 새로 거미줄을 치는 것입니다.

거미는 한 개의 거미줄을 치는데 약 7백m의 실을 뽑습니다.

공 모양으로 구르는 거미

아프리카 서부에 있는 나미비아 사막에 서식하는 거미는 천적인 말벌이 습격해 오면 살짝 뛰어올라 8개의 다리를 공 모양으로 움츠린 뒤 모래언덕을 굴러 내려옵니다.

이 거미는 바퀴식으로 이동하는 동물로는 으뜸입니다.

이 거미는 노란색 털이 태양빛에 금빛을 띠고 있다고 황금바퀴거미라고 합니다. 이 거미의 크기와 무게는 1백원짜리 동전과 비슷합니다.

다리 8개는 길이가 모두 같고 각 다리는 공 모양으로 쉽게 변할 수 있도록 5개의 마디로 이루어졌습니다.

가파른 모래언덕에서 공 모양으로 내려올 때는 1초에 150cm의 속도를 낼 수 있습니다.

황금바퀴거미는 짝을 찾거나 먹이를 찾아 나설 때에는 8개의 다리로 기어다니지만 위험에 부딪치면 공 모양으로 몸을 움츠립니다.

이 거미가 사는 곳은 주로 모래언덕입니다. 말벌이

▲ 공처럼 굴러 가는 황금바퀴거미

가까이와 황금바퀴거미를 공격하면 이 거미는 속력을 얻기 위해 몇 발자국을 달려가 공 모양으로 몸을 움츠려 언덕을 굴러 내려갑니다.

수십 m에 이르는 언덕을 굴러 내려오는 것이 이 거미가 말벌 공격을 피하는 방어수단입니다.

황금바퀴거미는 다리를 이용해 달릴 때에도 굴러 내려오는 것과 비슷한 속도를 낼 수 있습니다. 그러나 약 2m 정도 달린 뒤에는 휴식을 해야만 합니다.

곤충들의 도시

곤충들도 집을 짓고 삽니다. 그 집 모습을 보면 아주 재미있는 것이 많습니다.

고급스러운 아파트도 있는가 하면, 움막 같은 집도 있습니다. 그 집들은 아주 과학적으로 지은 게 특색입니다.

곤충들에게 새 도시 건설을 맡겨보면 어떨까요?

아파트

땅이 좁고 살 사람은 많아 걱정일 때 아파트는 인기가 있습니다. 좁은 땅에서 많은 사람들이 살자면 아파트밖에 더 좋은 집이 없습니다.

아파트를 짓고 사는 곤충이 있습니다. 그 가운데서 꿀벌의 아파트가 제일입니다.

꿀벌의 집은 여섯 모가 나는 모양입니다. 왜 꿀벌들

의 아파트가 여섯 모로 되어 있는지는 잘 알 수 없습니다. 그러나 세모나 네모보다 여섯 모로 된 방이 많은 꿀을 넣을 수 있기 때문이 아닌가 생각합니다.

검은 색 방에서 꿀을 넣고 가득히 차면 밀랍으로 닫습니다. 열린 방에는 꽃가루가 들어 있습니다. 또 닫힌 방에는 꿀 말고 꿀벌의 번데기가 들어 있습니다.

▲ 꿀벌 집

이 아파트의 한가운데에는 여왕벌이 살고 있습니다. 그 둘레에 수펄과 일벌들이 삽니다. 약간 큰 방에는 수펄이 살고, 작은 방에는 일벌이 자라는 장소입니다. 다시 그 둘레에는 꽃가루를 저장하는 방이 있고, 가장 바깥쪽에는 꿀을 저장하는 방이 있습니다.

이 아파트에서 꿀벌들은 조금도 불편을 느끼지 못하고 삽니다.

종이집

쌍쌍벌의 집은 작은 빌라입니다. 꿀벌처럼 규모가 그리 크지 않습니다. 방도 꿀벌처럼 여섯 모로 지어졌습니다.

쌍쌍벌은 삭아빠진 나무조각을 입 속에 넣어 씹습니다. 거기에 침을 섞으면 종이가 됩니다. 이 종이는 단단하고 질깁니다. 이렇게 만든 집은 조금도 부서지지 않습니다. 아주 튼튼한 집입니다.

쌍쌍벌은 허리가 가늘고 검거나, 또는 노랑과 검정의 두 색을 하고 있습니다.

쌍쌍벌은 사람이 사는 처마 밑이나 차고의 처마 밑에 집을 짓습니다. 쌍쌍벌의 집은 처마에 매달아 둔 것 같이 보입니다.

▲ 말벌집

집을 지을 때가 되면 여왕벌은 먼저 집을 매달 곳에 끈끈한 침을 뱉아 놓습니다. 그런 다음에는 거기에 1.3cm쯤 되는 종이 밧줄을 달아 놓습니다. 그 끝에 다시 끈끈한 침을 칠합니다.

이렇게 해서 방을 차례로 만들어 나갑니다.

벌집 전체가 애벌레로 꽉 찼을 때 벌집의 무게는 100g정도입니다. 그러나 3kg이나 된 집도 있었다 합니다.

집 하나에 100마리 정도 삽니다.

쌍쌍벌은 여왕벌이 주로 집을 짓습니다.

쌍쌍벌의 집은 공중에 드러납니다.

열대지방의 쌍쌍벌은 원기둥 모양의 집을 만듭니다. 벌집은 바깥의 벽에 단단히 붙어 있어 움직이지 않습니다. 가족이 늘면 더 많은 쌍쌍벌집이 아래로 아래로 덧붙여집니다.

말벌도 종이로 집을 짓습니다. 말벌은 애벌레방과 자기들의 방을 종이와 진흙으로 만듭니다.

썩은 나무, 식물의 잎, 또는 종이를 모아 씹어서 침으로 섞습니다. 그러면 펄프 덩어리가 되고, 마르면 흰색 종이가 됩니다.

말벌은 벌 가운데서 제법 큽니다. 말벌보다 더 큰 벌은 보기가 힘듭니다. 말벌에 쏘이면 어린 아이들은 위험합니다. 여러 가지 곤충을 잡아먹기 때문에 이로운 곤충입니다.

땅벌도 종이로 집을 짓습니다.

땅벌은 땅 속에 집을 짓는 것이 특징입니다. 집을 짓는 재료는 종이입니다. 땅벌의 집은 좀처럼 밖에서의

침입을 당하지 않습니다. 아주 안전하지요.

땅벌은 아주 깊게 굴을 파고 집을 짓습니다. 논둑이나 밭둑에 굴을 파고 집을 짓는데, 가을에 장난기 있는 아이들이 불을 놓고 연기를 굴 속에 넣어 벌집을 캐기도 합니다.

흙 집

흙으로 집을 멋지게 짓는 곤충으로는 감탕벌이 있습니다.

감탕벌은 진흙으로 집을 짓습니다. 진흙으로 긴 관을 나란히 짓습니다. 마치 파이프 오르간의 파이프 같습니다.

한 개의 관에는 몇 개의 방이 있습니다.

암펄은 그 방 하나하나에 마취시킨 거미를 잡아다 놓고 알을 낳습니다. 알은 한 개의 방에 하나씩만 낳습니다. 이것은 한 개의 알에서 까여진 애벌레가 자라자면 거미 한 마리가 있어야만 되기 때문입니다. 애벌레 두 마리가 있으면 그 방에선 서로 많이 먹으려고 싸움이 벌어질 것입니다.

항아리벌도 진흙으로 집을 짓습니다. 항아리벌의 집은 거의 항아리 같은 모습입니다. 목 부분은 가늘고 가장자리가 작습니다. 그렇기 때문에 때로는 물병처럼 보이기도 합니다.

바깥쪽은 거칠게 만들어졌습니다. 그러나 안쪽에 아주 매끄럽게 만들어졌습니다.

집 안에는 마취시킨 나방의 애벌레를 가두어 놓고 있습니다. 그리고 알은 명주실로 천장에 매달아 놓습니다. 알을 다 낳으면 항아리의 주둥이를 닫아 버립니다.

알이 까여지면 나방의 애벌레를 먹고 자랍니다.

항아리 모습의 집을 짓기 때문에 이 벌을 항아리벌이라고 이름을 붙였습니다.

집은 공을 네 쪽으로 갈라놓은 모양입니다. 보통 벌집모양과 다른점입니다. 그리고 집은 열 개 이상씩 만듭니다.

항아리벌을 호리병벌이라 부르기도 합니다.

땅 속 집

나나니벌은 건조하고 메마른 땅을 파서 집을 짓습니다.

나나니벌은 몸집이 길쭉하고, 몸 전체가 검습니다. 긴 배의 끝부분이 빨강이나 붉은 복숭아색입니다. 잘 구별되는 곤충입니다.

▲ 나나니벌

나나니벌의 땅 파는 도구는 두 가지입니다.

하나는 강하고 날카로운 아래턱입니다. 또 하나는 앞다리입니다.

큰 아래턱으로는 흙을 깨물어서 부드럽게 합니다. 센털이 있는 앞다리로는 부드럽게 된 흙덩이를 긁어냅니다.

그런데 집 둘레에는 굴을 판 흔적을 남기지 않습니다. 그것은 흙덩이를 10m쯤 떨어진 곳에 살짝 놓습니다. 자기 집을 적이 발견 못하도록 하는 방법의 하나입니다.

나나니벌의 암컷은 굴을 자기 몸길이와 같은 깊이로 팝니다. 그리고 바닥을 몇 마리의 나방 애벌레와 자기 새끼를 키울 만한 넓이로 넓힙니다.

굴을 팔 때 나오는 흙은 입에 물고 나릅니다. 45분 정도면 거뜬히 굴을 판 흙을 다 나릅니다.

암컷은 먹이를 찾아 나설 때 굴 입구를 흙덩어리와 돌, 그리고 나무조각 등으로 위장하여 막습니다. 쉽사리 나나니벌의 집이란 것 알 수 없도록 해 놓고 집을 떠납니다.

만일 이 집이 막혀버릴 때는 새로 집을 만들기도 합니다. 그러나 먼저 만든 집을 파헤쳐 쓸만하면 다시 쓴다고 합니다.

나나니벌이 자기 집의 구멍을 막는 기술은 뛰어납니다.

구멍에 돌을 박아 넣을 때는 머리를 망치 대신으로 씁니다. 머리로 탁탁 치면 돌은 구멍으로 쏙쏙 들어갑니다.

나나니벌은 먹이를 집까지 끌고 와 놓고 알을 낳습니다. 그리고는 돌과 모래를 섞어 겉을 다듬어서 구멍을 막습니다.

알은 이 굴 속에 까여서 어미가 물어다 준 먹이를 먹고 자랍니다.

나나니벌의 암컷은 둘째로 다른 방의 새끼에게 먹이를 주고 문을 닫습니다. 참으로 부지런합니다.

재단사가 만든 나뭇잎 집

가위벌은 나뭇잎을 잘라 집을 만듭니다. 가위벌은 꿀벌과 흡사합니다.

장미나 그 밖의 나뭇잎을 타원 모양으로 잘라 집을 짓습니다.

나뭇잎을 잘라 돌담의 틈이나, 나무의 벌레 구멍 등에 나란히 늘어놓습니다. 그러면 아주 훌륭한 집이 됩니다.

집 뚜껑으로 나뭇잎을 둥글게 잘라서 씁니다.

여러 개의 방은 거의 같은 크기로 자른 나뭇잎과 꽃잎으로 되어 있으며, 몇 층으로 만듭니다.

왕가위벌은 나뭇잎 대신 송진을 써서 만듭니다. 재료가 나뭇잎이 아니고 송진입니다.

가위벌은 자기 몸에 맞추어 집을 만듭니다.

암컷은 뒷다리로 나뭇잎의 끝에 몸을 붙입니다. 그리고 몸을 콤파스처럼 움직여 원을 그리면서 잎을 자릅니다. 벌의 몸집의 크기가 같으니까 자른 잎은 언제나 똑같습니다.

가위벌은 이 잎을 말아서 대롱처럼 만들고 그 속에 꽃가루와 꿀을 넣습니다.

첫째 방에 알을 낳으면 가위벌은 곧바로 잎을 잘라 방을 만들어 줍니다. 이런 일을 계속합니다. 30개의 방을 만든 가위벌이 있습니다. 이 30개의 방을 만드는데 든 나뭇잎의 조각은 1천장이 넘었다고 합니다.

왕자팔랑나비의 애벌레도 잎을 돌돌 말아 집을 짓습니다.

왕자팔랑나비의 애벌레는 몸을 숨기기 위하여 집을 짓습니다.

왕자팔랑나비의 애벌레의 먹이는 마의 잎입니다. 왕자팔랑나비는 마의 잎에 알을 낳습니다. 알에서 까여진 애벌레는 잎을 말고 그 속에서 마의 잎을 먹으면서 자랍니다.

날개가 없는 귀뚜라미는 매일 집을 새로 만듭니다.

밤 사이에 진딧물을 잡아먹고 날이 새기 전에 그날만 살 집을 만듭니다.

귀뚜라미는 먼저 잎을 자르고, 그 잎을 마치 담요를 감는 것같이 감습니다.

그리고 아랫입술에서 실을 내어 그 가장자리를 이어 붙입니다. 그 다음엔 열린 쪽을 실로 막고 긴 더듬이는 뒤로 젖힌 채 낮 동안 그 속에서 낮잠을 즐깁니다.

날도래의 애벌레도 가시로 집을 짓습니다. 얼핏 보면 가시둥우리 같습니다.

날도래 애벌레는 작은 나뭇가지와 작은 나무줄기를 실로 묶어서 만듭니다.

날도래 애벌레가 토해내는 실은 끈적끈적합니다. 이 가시덤불의 감은 실에 먹이가 걸립니다.

실로 짠 그물집

그물집 짓기로는 거미가 그 으뜸입니다. 거미는 곤충이 아닙니다. 그러나 생김새가 곤충과 비슷하지요. 거미의 종류에 따라 그물집 모양이 다릅니다.

둥근그물집

왕거미 호랑거미, 먼지거미들이 만든 집은 차바퀴처럼 둥급니다. 산이나 나무가 우거진 곳에 가 보면 둥근 모양의 거미줄을 자주 볼 수 있습니다.

조각그물집

조각거미, 왕거미들이 만든 집은 초승달 모양 같습니다.

세 가닥의 세로실에 둘러싸인 집인데 가로실이 없습니다. 좀 엉성한 집입니다.

부채그물집

삼각그물집이라고도 합니다. 둥근 그물의 모습이 변한 것입니다. 응달거미가 가끔 이런 집을 짓습니다.

접시그물집

접시거미가 만든 집인데, 거미줄이 불규칙하게 펼쳐져 있습니다. 전체 모양은 그물, 접시, 사발 모양입니다.

선반그물집

선반거미, 들풀거미가 만든 집인데, 담장이나 가구 사이에 칩니다. 집 모양이 벽에 걸어 둔 선반 모양이라 해서 선반그물집이라 합니다.

천막그물집

점박이꼬마거미가 만든 집인데, 마른 나뭇잎을 말아 짓습니다. 집 모양이 천막 같아서 천막그물집이라 합니다.

점박이꼬마거미는 이 천막에서 알을 낳고 여기서 지킵니다.

물 속 그물집

물 속에서 사는 물거미입니다. 물 속에 사는 거미로는 이 물거미뿐입니다.

오래된 연못이나 호수, 또 냇가의 물풀 속에 집을 짓습니다.물 따라 흘러온 곤충이나 그 밖의 먹이를 잡습니다.

줄날도래도 물 속에다 그물을 칩니다. 줄날도래의 애벌레는 급류 속에 삽니다. 그러다가 어미가 쳐 놓은 그물에 먹이가 걸리면 쫓아와 먹습니다.

어떨 때는 그물이 찢어지면 그 그물을 수리하기도 합니다. 그물은 돌과 돌 사이에 쳐 놓습니다.

깔때기그물집

그물을 쳐 놓고 그 한복판에 깔때기 모양의 집을 하나 더 짓습니다. 그 거미가 들풀거미입니다.

들풀거미는 깔때기 모양의 집에서 숨어 있습니다. 먹이가 걸리면 뛰쳐나와 잡아먹습니다.

소용돌이그물집

응달거미는 소용돌이 모양의 그물을 칩니다. 소용돌이그물은 둥근 모양의 그물에다 겹쳐서 그물을 굵게 치는 것입니다.

줄그물집

큰새똥거미는 나뭇잎에 이리저리 줄을 늘어뜨려 놓습니다. 거기에다 알주머니를 거미줄에다 주렁주렁 달아 놓습니다. 먼 데서 보면 꼭 하늘타리가 달린 것 같습니다.

벼잎의 그물집

논에 가 보면 벼 잎에 많은 종류의 거미가 있는 것을 볼 수 있습니다.

이것은 벼잎에 있는 벌레를 잡아먹기 위해서입니다. 그러나 요즘 논에 가 보면 거미를 전혀 볼 수 없습니다. 그것은 벼에다 농약을 치기 때문입니다. 논에 거미가 많이 몰려오는 날이 와야 환경은 되살아날 것입니다.

등어리왕거미는 논거미입니다. 벼에 있는 해충을 잡아먹고 삽니다.

벼잎을 돌돌 말아 그물을 칩니다.

미녀왕거미는 벼잎 뒤쪽에 거미줄을 얽어매고 그 속에 숨어 있습니다.

긴호랑거미는 잎이나 줄기에 용수철처럼 흰 띠줄을 칩니다.

이와 같이 거미줄은 누에가 내는 비단실보다 가늘고 튼튼합니다.

거미 한 마리가 내는 실에도 여러 가지가 있습니다. 테를 두르는 테실, 발판을 만드는 발판실, 세로실 등입니다.

이런 실은 끈적끈적하지 않습니다. 가로실만 끈적끈적합니다.

나무토막 속의 집

나무줄기 속, 나뭇가지 속, 썩은 울타리 기둥, 그 밖의 나무 기둥 속에는 무수한 곤충들의 집이 있습니다.

곤충들은 이 나무 속에 구멍을 파고 들어갑니다.

나무좀이란 벌레는 나무토막 속에 작은 홈을 팝니다. 여기에다 알을 낳습니다. 알에서 까여진 애벌레는 나무 속을 파먹어 들어갑니다. 그래서 많은 구멍이 나무토막 속에 남습니다.

나무좀은 암수 한 쌍이 집을 만들기도 하고, 수컷 한 마리와 암컷 2~3마리가 힘을 합쳐 만들기도 합니다.

다 자란 애벌레는 나무부스러기로 고치를 만들고, 그 속에 들어가 번데기가 됩니다.

어른이 되면 나무껍질에 둥근 구멍을 뚫고 밖으로 나옵니다.

딱정벌레의 애벌레도 낡은 목조 건물의 기둥이나 서까래에 구멍을 뚫고 삽니다.

이 애벌레는 나무 구멍 속에서 5년에서 7년동안 나무를 갉아먹고 삽니다.

날개가 생긴 어른벌레가 되면 밖으로 나옵니다.

이 딱정벌레는 건물의 목재에 구멍을 뚫기 때문에 해로운 벌레의 하나입니다. 목재에 구멍이 나면 집은 오래 갈 수 없습니다.

세 들어 사는 집

호박벌은 쥐가 만들어 놓은 빈 집에서 삽니다. 돈을 주고 세 들어 사는 방이 아닙니다. 전세도 아니고 사글세도 아닙니다.

여왕은 쥐의 빈 집을 찾으면 여기에다 밀랍으로 꿀단지를 만듭니다. 그 속에 꿀을 넣어 둡니다. 이 꿀은 밤이나, 날씨가 좋지 못할 때 빨아먹습니다. 먹이를 구하지 못할 때 비상 식량으로 합니다.

여왕벌은 또 다른 단지를 만듭니다. 그 속에 꽃가루 덩어리를 넣고 거기에 알을 낳습니다.

알을 낳는 여왕벌은 암탉이 병아리를 까듯 알 위에 앉아 품어 줍니다.

알은 여왕벌이 품어 준 덕택으로 까여 나오면 일벌이 됩니다.

호박벌의 수는 꿀벌만큼 많지 않습니다. 그 중에는 1천~2천 마리까지 가족을 거느린 일도 있습니다.

고층 빌딩

우리나라 여의도에 있는 63빌딩만큼 높은 집을 짓고 사는 곤충은 흰개미입니다.

흰개미라고 부르지만 진짜 개미가 아닙니다. 바퀴벌레에 속하는 곤충의 무리입니다.

흰개미는 꿀벌 같은 침도 없고, 개미 같은 딱딱한 살갗도 없습니다.

흰개미는 항상 습기가 있는 곳에서만 삽니다.

대부분의 흰개미는 장님입니다. 몸집이 작습니다. 그런데도 흰개미는 이 지구 위에서 가장 튼튼하고 높은 집을 짓고 삽니다.

▲ 흰개미

흰개미의 몸은 연하고 날개가 없습니다. 머리는 둥글고 아래턱은 없습니다.병정 흰개미는 큰 아래턱을 가지고 있습니다. 이 아래턱은 흰개미의 무리를 지키기

▲ 흰개미 집

위해서 쓰는 무기입니다. 이 병정 흰개미는 스스로 먹이를 먹을 수 없습니다. 그러면 어떻게 먹이를 먹을까요? 일하는 흰개미가 먹이를 입에 넣어줍니다. 그러면 병정 흰개미는 목구멍으로 꿀떡 삼킵니다.병정 흰개미는 적이 침입한 장소나 위험이 있는 장소에 모여 있습니다. 집의 터진 곳이 있으면 수리할 때까지 거기에 머뭅니다. 또 위험한 일이 있으면 전달하기도 합니다. 머리를 나무에 부딪쳐 큰소리를 냅니다. 이것이 위험 신호입니다.

특히 열대지방에 사는 흰개미가 지은 큰 집은 사람들의 눈을 놀라게 합니다. 이들 흰개미의 집을 흰개미의 탑이라고들 부릅니다.

이 흰개미들이 지은 집은 수도 많습니다. 높이도 굉장히 높습니다. 멀리서 보면 사람이 사는 오두막집 같습니다. 이 흰개미들의 몸뚱이에 비하면, 이 흰개미의 집은 여의도 63빌딩보도 더 높다고 해야 옳습니다.

이 흰개미가 지은 집의 높이는 6m나 됩니다. 그리고 집 모양은 탑, 교회, 산 등 여러 가지입니다.

집 안도 공기가 잘 통할 수 있게 만들어 놓습니다. 참으로 훌륭한 건축가가 흰개미입니다.

곤충들의 눈

곤충의 눈이 두 개이지 몇 개나 됩니까? 모두들 이렇게 말할 겁니다. 그러나 곤충의 눈은 그 수가 많습니다. 곤충의 눈은 수많은 여섯 모의 홑눈(낱눈)으로 되어 있습니다. 수많은 홑눈으로 이루어진 눈을 겹눈이라 합니다. 그러니까 곤충은 겹눈과 낱눈 또는 홑눈을 가지고 있다고 봐야 합니다.

이렇게 눈은 많지만 물체는 하나로밖에 보이지 않습니다. 마치 물체의 작은 모양이 모여서 하나의 물체 모양을 만드는 것과 같습니다. 그래서 낱눈이 많이 모인 겹눈일수록 물체를 더욱 뚜렷하게 볼 수 있습니다.

곤충의 겹눈은 움직이는 것을 잘 볼 수 있습니다. 그래서 날아다니는 물체를 잘 잡아먹습니다.

곤충은 홑눈만 가진 것도 있습니다. 홑눈은 한 개씩으로 이루어져 있습니다. 한 개의 눈 구실을 합니다.

2만 8천 개의 잠자리 눈

잠자리를 잡으려고 뒤로 몰래 다가가면 금방 날아가 버립니다. 잠자리의 눈은 참으로 밝습니다.

잠자리의 눈은 정말 큽니다. 머리가 온통 눈으로 덮여 있는 듯합니다. 그러나 이 큰 눈은 하나가 아닙니다. 작은 눈이 여러 개 모인 하나의 큰 눈입니다.

잠자리의 작은 눈을 낱눈이라 합니다. 잠자리의 눈을 유심히 바라보면 큰 눈 안에 많은 낱눈이 빤짝이는 것을 볼 수 있습니다.

▲ 잠자리의 눈

잠자리의 낱눈의 수는 1만에서 2만 8천 개나 됩니다. 이 많은 낱눈이 모여서 한 개의 큰 눈을 이룹니다. 이 큰 눈을 겹눈이라고 합니다.

▲ 잠자리눈의 확대모습

잠자리의 이 겹눈은 6m 앞의 것을 구별할 수 있습니다. 움직이고 있는 것은 20m 떨어진 곳에서 볼 수 있습니다. 그래서 날아다니고 있는 벌레를 잘 잡습니다.

눈은 전체적으로 움직일 수 없습니다. 1개의 낱눈은 한 작은 부분만 보입니다. 전체는 볼 수 없습니다. 그래서 많은 낱눈이 필요합니다. 낱눈이 많기 때문에 잠자리는 전체의 모습을 똑똑히 볼 수 있습니다. 그리고 아주 넓은 부분도 볼 수 있습니다. 잠자리는 거의 사방, 위 아래까지 볼 수 있습니다. 그래서 잠자리의 뒤로 살금살금 다가가도 이내 보고 날아갑니다.

그러나 시력은 그리 좋지 못합니다. 사람의 시력 백분의 일 정도밖에 안 됩니다.

4천 개의 눈을 가진 집파리

앞발을 싹싹 비는 집파리를 보았지요.

병원균을 옮기는 배달부라고들 합니다. 집파리의 낱눈은 4천 개나 됩니다. 겹눈은 정수리의 세모진 곳에 3개의 홑눈이 있습니다. 홑눈은 낱눈과 다릅니다. 낱눈은 따로 붙어 있지 않고 많이 모여 겹눈을 만듭니다. 그러나 홑눈은 한 개씩 따로 달려 있습니다. 홑눈 하나로도 볼 수 있답니다.

파리의 눈은 근시입니다. 가까운 곳의 물체는 잘 보지만, 먼 곳의 물체는 잘 보지 못합니다.

색깔을 구별하는 챔피언 꿀벌

꿀벌의 낱눈은 5천 개나 됩니다. 머리의 양쪽 끝에 겹눈이 있고 정수리 부분에 세 개의 홑눈이 있습니다.

이 홑눈으로 꿀벌은 빛이나 색깔을 구별하는가 봅니다.

녹색, 주황색을 구별한다니 놀랍지요. 그러나 녹색, 주황색은 노랑색으로 보인다고 합니다.

붉은 색의 꽃에는 꿀벌이 찾아가지 않습니다. 왜 그럴까요? 그것은 꿀벌에게 붉은 꽃이 검게 보이기 때문입니다. 붉은 빛깔은 전혀 보이지 않습니다. 벌은 자외

선을 볼 수 있습니다.

그래서 사람들에게는 보이지 않는 자외선을 내는 꽃을 알아봅니다. 벌이 꽃을 본다는 것은 꽃에서 반사되는 꽃을 보는 것입니다.

홑눈만 있는 거미

거미는 곤충의 종류가 아닙니다.

다리가 8개이기 때문입니다. 곤충은 다리가 6개입니다. 곤충은 머리, 가슴, 배로 되어 있지만 거미는 머리와 가슴이 한데 붙어 있습니다. 생김새가 조금 다릅니다.

홑거미는 홑눈이 8개 있습니다. 이 홑눈은 두 줄로 늘어섰습니다. 앞눈 줄은 곧고 뒷눈 줄은 굽었습니다.

눈은 머리의 전부를 차지하며 뒤의 옆눈이 가장 큽니다.

뒷가운데 눈은 반달 모양으로 되어 있습니다.

이 홑눈으로 밝고 어두움을 구별합니다.

개거미는 구슬 모양의 눈으로 물체를 봅니다. 개거미의 눈도 8개이지만 특히 구슬처럼 툭 튀어나와서 다른 거미 모습과 다릅니다.

한쪽밖에 못 보는 나방

나방은 밤에만 날아다닙니다. 나방을 일컬어 '분신자살자' 라고 합니다.

분신자살이란 자기 몸에 기름을 끼얹고 불을 붙여 스스로 죽는 것을 말합니다.

나방은 밤에 불빛을 찾아 날아듭니다. 불 속이 무섭다는 생각이 안 드는 모양입니다.

왜 그럴까요?

나방은 해가 비치는 방향을 똑바로 향해 날아다닙니다. 백열등이나 형광등, 촛불을 보고 햇빛으로 착각하고 나방은 달려듭니다. 불에 뛰어들어 분신자살한다고 생각합니다.

날아서 불에 뛰어드는 여름벌레라 별명을 얻었습니다. 나방은 항상 같은 쪽에서 오는 빛을 두 눈으로 받습니다. 그러기 때문에 옆쪽을 돌아보지 못하고 앞만 보고 달려들다가 불에 타 죽고 맙니다. 나방은 밤에만 주로 날아다니니까 그렇습니다. 장수 나방의 낱눈은 2만 732개나 됩니다.

장님이 된 곤충

동굴 속에 사는 발광버섯파리는 장님이 된 가엾은 곤충입니다.

캄캄한 동굴 속이라 볼 수 없는 게 당연하지요. 그래서 눈은 쓸모가 없어졌습니다. 그렇다고 눈이 완전히 없어진 것은 아닙니다. 발광버섯파리의 겹눈은 쓸모없이 되어 아주 작아져 버렸습니다. 있는지 없는지 모를 정도입니다. 오히려 빛이 있는 밖에 나오면 눈이 부셔 죽을지도 모릅니다.

이 발광버섯파리는 배에서 아주 작은 빛을 냅니다. 먹이가 되는 곤충을 끌어들이기 위해서입니다. 눈이 쓸모없게 되었으니 마음대로 먹이를 찾아 나설 수가 없습니다. 그래서 배에 빛을 내면서 먹이를 유인합니다. 편안히 앉아서 먹이를 구하는 지혜를 깨달은듯합니다.

이 밖에 장님가재, 장님딱정벌레, 장님침개미도 발광버섯파리와 같이 눈이 쓸모없게 된 것 중의 하나입니다.

장애물만 보는 물방개붙이

물방개붙이는 물방개보다 조금 작습니다.

이 물방개붙이는 눈을 먹이를 찾는 데는 사용하지 않는다고 합니다. 물방개붙이의 눈은 매우 발달되어 있습니다. 그러나 먹이를 향해 똑바로 헤엄쳐갈 줄 모릅니다. 어떻게 보면 눈에 먹이가 전혀 보이지 않는 것처럼 보입니다.

먹이가 가까이 있게 되면 물방개붙이는 마구 이리저리 헤엄을 칩니다. 먹이를 볼 수 있다면 똑바로 가서 잡으면 될 게 아닙니까? 사람이 눈을 감고 길을 걷는 거와 같다고 생각하면 됩니다.

냄새로 먹이를 알아내기 때문입니다. 눈은 무엇에 사용할까요?

먼 곳의 장애물을 살피는 데만 쓴다고 합니다.

좋은 눈은 두었다가 이런 데만 쓰니 한심한 생각도 듭니다. 정말 우스운 일입니다.

카메라렌즈를 가진 사마귀

사마귀는 머리 부분이 별나게 크고, 눈이 머리 전부를 차지하고 있는 듯합니다.

▲ 사마귀

이 사마귀가 파리를 잘 잡습니다. 날아다니는 파리를 어떻게 잡느냐구요?

사마귀는 파리를 똑바로 보기 위해서 파리가 있는 쪽으로 고개를 돌립니다. 사마귀도 두 개의 겹눈과 정수리 부분에 세 개의 홑눈이 있습니다. 눈동자를 굴릴 수 없기 때문에 그 쪽으로 고개를 돌립니다.

앞에 파리가 있는 걸 보면 재빨리 앞다리로 낚아챕니다. 이 앞다리는 파리가 있는 위치를 정확히 압니다.

사마귀는 파리를 잡기 위해 눈을 이리저리 돌리는 게 아닙니다. 파리 쪽으로 목을 돌려 눈으로 봅니다. 마치 카메라렌즈 같이 물체에 갖다 대는 것과 같습니다.

겹눈만 있는 하루살이 눈

하루 밖에 살지 못하는 벌레라고 해서 날파리, 또는 하루살이라 부릅니다.

늦은 봄부터 초여름 저녁나절 시골길을 가다 보면 이 하루살이가 떼 지어 날아 눈앞을 가릴 때가 흔히 있습니다.

하루살이의 눈은 큼직한 겹눈이 4개 있습니다. 그러나 수놈은 4개의 겹눈 위에 또 하나의 커다란 겹눈이 있습니다. 수놈의 겹눈은 다섯 개나 됩니다.

필요없는 눈

개미도 두 개의 겹눈과 세 개의 홑눈이 있습니다. 여느 곤충과 같이 같은 수의 눈을 가지고 있습니다.

그러나 개미는 눈을 잘 사용하지 않습니다.

그러면 어떻게 방향을 정하고 다니냐구요?

개미의 눈은 어떻게 해서 그렇게 된 건지 잘 모릅니다. 그러나 조금 생각해 보면 알만도 합니다.

왜냐구요?

눈을 처음부터 사용하지 않았던 모양입니다. 그러니 눈은 쓸모가 없게 된 게 아닙니까? 저절로 시력이 약해졌을 겁니다.

그러면 무엇으로 볼까요?

개미는 더듬이로 방향을 안답니다. 머리에 붙은 한 쌍의 더듬이는 방향을 알아내는 안테나라 할 수 있습니다. 장님의 지팡이 끝 같다고나 할까요?

개미를 자세히 살펴보십시오.

개미는 주위를 알아보기 위해 끊임없이 더듬이를 움직입니다. 더듬이를 비틀어도 보고 이리저리 돌리기도 합니다.

개미는 이렇게 더듬이를 움직여서 바람의 방향을 압니다. 움직이고 있는 장소를 느낍니다. 입으로 먹이를 잡기 전에 먹이를 검사하기도 합니다. 먹을 수 있는 건

▲ 퇴화된 개미의 눈

가, 아니면 먹지 못할 먹이인가를 이 더듬이로 알아냅니다.

개미의 눈은 쓸모가 없게 되자 덤듬이가 커졌습니다. 더듬이가 눈 구실을 하니까 커야겠지요.

두 개의 더듬이를 떼어 보세요. 개미는 방향을 못 잡고 뱅뱅 돕니다. 더듬이로 방향을 알았는데, 그 더듬이가 없으니 당연하지요.

눈의 구실을 하는 더듬이는 이처럼 귀중합니다.

그래서 개미는 이 더듬이를 중요하게 여깁니다. 입이나 다리로 늘 이 더듬이를 닦습니다. 개미의 다리엔 더듬이를 닦는 빗까지 달려 있습니다.

선풍기와 난로

냉방생활

더위는 사람뿐 아니라 동물, 곤충에게까지 고통을 줍니다. 사람들이야 옛날부터 부채로 더위를 쫓았습니다. 요즘에는 선풍기, 에어컨으로 시원하게 지낼 수 있습니다.

곤충도 추위와 더위를 슬기롭게 이겨냅니다.

여름이 되면 벌통도 찜통을 면하기 어렵습니다. 꿀벌들은 살기가 힘들게 됩니다. 그래서 많은 꿀벌들은 방을 시원하게 하려고 애씁니다.

그런데 선풍기도 에어컨도, 부채도 없습니다.

어떻게 방을 시원하게 할까요?

꿀벌들은 날개로 바람을 방 안으로 들여보냅니다. 벌들의 날개가 부채나 선풍기 구실을 합니다.

바깥의 기온이 올라가면 벌들의 날개로는 어림도 없

습니다. 더 이상 방 안을 시원하게 할 수 없습니다.

그러면 어떻게 할까요?

일벌들을 밖으로 내보냅니다. 밖으로 나간 일벌들은 집으로 물을 날라옵니다. 물론 빨대로 물을 빨아 뱃속에 넣고 옵니다. 날라온 물은 증발됩니다. 그러면 방이 시원해집니다. 뜨거운 여름 한낮에 마당에 물을 뿌리면 화끈거리는 열기가 달아나고 조금 시원함을 느낍니다. 그것과 같은 이치입니다.

일벌들은 꿀을 진하게 하는 것과 마찬가지로 혀 위에 물을 한 방울, 또 한 방울을 놓고 증발시킵니다.

바깥의 온도가 섭씨 75도나 되더라도 방 안은 항상 섭씨 35도가 됩니다.

물을 모으는 일은 늙은 일벌들이 합니다. 늙은 일벌들이 가져온 물을 뿌리는 일은 젊은 일벌들이 합니다.

늙은 일벌은 물을 가지고 와 젊은 일벌들에게 넘기고, 물을 계속 가져올 것인가를 전달받습니다.

젊은 일벌들은 물이 더 필요하다고 느끼면 늙은 일벌들에게 알려줍니다. 그러면 늙은 일벌들은 물을 길러오기 위해 밖으로 날아갑니다.

사람들 같으면 예의도 모르고 버릇없다고 할 것입니다. 젊은이가 물을 길러와야지 어떻게 늙은이를 시킵니까?

벌들의 사회는 그렇지가 않습니다. 늙어 쓸모가 없으면 언제든지 내쫓습니다. 그러니 늙은 일벌들이 괄시를 받기 마련입니다.

방 안이 계속 더우면 젊은 일벌들은 돌아다니면서 늙은 일벌들에게 물을 열심히 받습니다.

방 안이 시원하다 싶으면 젊은 일벌들은 놉니다. 저절로 늙은 일벌도 물을 길러 가지 않아도 됩니다.

모두들 방 안에서 쉽니다. 참으로 재미있는 벌들입니

다.

쌍쌍벌도 날개로 바람을 보내어 방 안을 식힙니다.

쌍쌍벌의 집은 바깥에 있습니다. 처마 밑이나 바위 틈. 나무구멍 사이에 있습니다. 낮에는 햇볕으로 뜨거워지고, 밤에는 찬 공기로 식습니다.

낮에는 뜨거운 햇볕으로 방 안이 뜨거워집니다. 쌍쌍벌도 꿀벌처럼 날개로 바람을 넣습니다. 너무 방 안이 뜨거우면 물을 길러와 방 안의 공기를 식힙니다.

흰개미는 아예 집을 공기가 잘 통하도록 짓습니다.

흰개미의 방은 저절로 습도와 온도가 조절되도록 만들어 놓습니다.

방 안이 건조하면 사막의 어떤 흰개미들은 40m나 되는 깊이로 샘을 팝니다. 이 샘물로 습도를 조절합니다.

아프리카의 어떤 흰개미는 벽을 굉장히 두껍게 만듭니다. 아무리 밖이 뜨거워도 방 안의 온도는 섭씨 29

도가 된답니다. 바깥 벽은 뜨거워 절절 끓어도 방 안이 이처럼 시원한 것은 벽을 두껍게 했기 때문입니다.

요사이 사람들이 집을 지을 때 벽을 두껍게 쌓는 이치와 같습니다.

흰개미의 무리는 많으면 한 집에 200만 마리나 살고 있습니다. 그래서 흰개미들이 내뿜는 탄산가스의 양이 많습니다. 흰개미도 산소가 없으면 못 삽니다.

어떤 흰개미는 산 모양으로 집을 짓는데 높이가 5m, 너비는 땅에 닿는 부분 5m나 됩니다.

집 안은 지하실처럼 되어 있습니다. 집 위에는 공기 구멍이 있습니다. 집 안의 방은 다락방처럼 되어 있습니다. 공기는 위에서 항상 들어오고 있습니다. 그러니 방 안의 공기는 늘 일정합니다.

아주 살기 좋은 방이라고 할 수 있습니다.

일광욕하는 잠자리

대부분의 곤충들은 어두운 곳이나, 햇빛이 쬐지 않는 그늘을 좋아합니다.

그런데 한여름 뙤약볕에서 볕을 쬐고 있는 곤충이 있습니다. 잠자리입니다.

일광욕을 즐기는 대표로 보면 모자람이 없습니다.

잠자리는 물풀 위에 잘 앉습니다.

이때 잠자리는 꼬리를 치켜들기가 일쑤입니다.

왜 그럴까요?

그것은 조금이라도 더위를 피하기 위해서입니다. 자기 몸을 시원하게 하려고 꼬리를 치켜듭니다.

잠자리가 꼬리를 치켜들면 꼬리 끝에 햇빛이 조금밖에 비치지 않습니다. 그렇기 때문에 몸의 온도가 내려갑니다.

꼬리와 배를 내리면 어떻게 될까요?

그러면 꼬리 전체에 햇빛이 비치어 몸의 온도가 올라갑니다.

잠자리가 꼬리를 올리고 내리고 하는 데에 따라 몸의 온도가 2도에서 3도나 오르내립니다.

잠자리가 꼬리를 들면 시원해지니까 부채나 선풍기가 됩니다. 또 꼬리를 내리면 더워지니까 난로 구실을 한다고 할 수 있지요.

몸 속 체온계

곤충은 냉혈동물입니다. 그래서 스스로 체온을 조절할 수 없습니다.

나방은 날기 전에 날개를 움직였다가 몇 분 후에 공

중으로 날아갑니다.

만일 날기 전에 나방을 잡으면 날지 못합니다.

왜 그럴까요?

나방은 날기 전에 날개를 떨게 함으로써 열을 낸다고 합니다. 이 열은 날개를 움직여 날아가는 데 힘이 됩니다.

비행기가 날자면 가솔린 엔진을 돌리는 거와 같은 이치입니다. 자동차도 엔진을 돌려 열을 내게 하고 움직입니다. 따뜻한 바구니에 나방을 넣어 두면 엔진에 열을 가할 필요가 없어, 곧바로 날 수 있습니다. 이것은 나방의 몸 속에 온도를 재는 온도계가 있다는 것입니다.

겨울 나기

말벌이나 호박벌 무리들은 가을이 되면서 추위로 죽어갑니다. 겨울을 지내는 지혜가 발달되지 못했기 때문입니다.

사람은 추위를 이기기 위해 옷을 입고, 방을 따뜻하게 합니다.

꿀벌은 방 안 온도를 겨울에는 섭씨 24도가 내려가지 않도록 합니다. 그 이하로 내려가면 꿀벌들은 얼어

죽고 맙니다.

꿀벌들은 보통 방 안의 온도를 섭씨 38도나 되도록 합니다. 집 밖의 온도보다 훨씬 따뜻합니다.

어떻게 따뜻한 방 안의 공기를 갖도록 할까요?

꿀벌은 한 장의 벌집 주위에 덩어리처럼 뭉쳐 추위를 견딥니다. 이 벌들의 덩어리 크기는 온도에 따라 달라집니다.

한데 뭉쳐 있으면 열을 내게 됩니다.

추울 때는 꿀벌들이 꼭 붙어 있습니다. 그렇기 때문

에 꿀벌의 덩어리는 작아집니다. 더울 때는 느슨해지기 때문에 꿀벌의 덩어리는 커집니다.

바깥쪽에 있는 꿀벌은 안쪽의 열이 빠져 나가는 걸 막기 위해 털로 쌉니다. 한가운데 있는 꿀벌이 더워지면 바깥쪽의 꿀벌과 교대합니다.

이렇게 하며 방 안의 온도를 조절합니다. 몸으로 난로 구실을 하지요.

요리사의 입맛

사람들은 혀로 맛을 봅니다. 맛에는 짠맛, 신맛, 단맛, 매운맛, 쓴맛, 떫은 맛 등이 있습니다.

곤충들도 맛을 압니다. 맛을 아는 혀가 있기 때문입니다. 그런데 사람의 혀는 입 속에 있지만 곤충의 혀는 그렇지 않습니다.

발끝에 붙은 혀

파리는 사람처럼 코도 없고 혀도 없습니다.

생선을 놓아두면 잽싸게 생선 냄새를 맡고 몰려옵니다. 코가 있기는 있는 모양입니다. 코도 예사 코가 아닌 아주 예민한 코입니다.

생선한테 와서 열심히 빠는 파리를 보았지요?

파리가 좋아하는 맛은 생선인 것은 틀림없습니다. 된장 맛도 좋아합니다. 파리는 된장 항아리 주변에 자주 옵니다. 그 밖에 썩은 맛은 다 좋아하는 모양입니다.

파리의 혀는 다리 끝에 있습니다. 다리 끝에 맛을 아는 털이 나 있습니다. 털 끝에 여러 가지 맛을 아는 세포가 있답니다.

파리가 제일 싫어하는 맛은 짠 것, 신 것, 술과 같은 알코올이랍니다. 이 세 가지 맛을 싫어합니다.

파리는 설탕 같은 단 것을 좋아합니다. 파리의 다리에는 두 개의 혀가 있습니다. 하나는 파리가 싫어하는 맛을 알아냅니다. 또 하나는 파리가 좋아하는 맛을 알아냅니다.

파리가 앞발을 싹싹 비비는 걸 봅니다. 파리는 무엇을 잘못했기에 앞발로 싹싹 빌까요?

그것은 잘못을 저질러서 그런 게 아닙니다. 발로 기어다니다 보면 발끝의 털에 먼지가 끼입니다. 먼지가 끼면 맛을 보는 혀가 둔해집니다. 그래서 발끝 털에 낀 먼지를 털어내느라 앞발을 자주 싹싹 비빕니다.

파리는 다리 끝에 붙어 있는 많은 털을 이용해서 먹이의 맛을 봅니다. 먹이의 맛을 보면서 코끼리의 코와 비슷한 입술 빨대를 내려 음식을 빱니다.

파리의 입술 끝에는 꼭 스펀지와 같은 것이 있습니다. 이것은 입술과 같은 것인데 먹이를 알아내는 구실을 합니다.

파리는 언제나 이 입술 끝으로 이것저것 물건을 건드려 봅니다. 그것이 먹을 수 있는 것인지 아닌지를 조사하기도 합니다.

집파리는 설탕이나 녹말을 좋아합니다. 쉬파리는 고기 종류를 좋아합니다. 쇠파리는 동물의 피를 좋아합니다. 그래서 쇠파리는 소나 돼지 등 가축의 몸에 붙어 피를 빨아먹습니다.

파리의 코는 어디에 있을까요?

파리는 세 마디의 더듬이를 가지고 있습니다. 셋째번 마디에 나 있는 털이 바로 냄새를 맡는 코입니다. 이 코로 냄새나는 방향을 알아냅니다.

나비도 혀가 발끝에 있습니다. 파리처럼 발끝에 있는 털이 맛을 보는 구실을 합니다.

발끝에 있는 혀로 맛을 보고 긴 관으로 된 빨대로 빨아먹습니다.

꿀벌은 자연 설탕의 단맛과 인공 감미료의 단맛을 구별할 수 있습니다.

보라색파리는 사람의 4배나 되는 맛을 알아냅니다. 대단한 혀를 가지고 있는 셈입니다.

내 입맛은 하나

배추흰나비는 배추밭에만 날아다닙니다. 그것은 배추잎에 알을 낳기 위해서입니다.

배추흰나비의 알은 까여서 배추잎을 먹고 자랍니다.

만일 이 배추흰나비의 애벌레를 다른 종류의 잎에 놓아 보세요.

배추흰나비의 애벌레는 절대로 그 잎을 먹지 않습니

▲ 배추흰나비

다. 끝내 굶어죽고 맙니다.

배추흰나비는 이렇게 정해진 배추잎만을 먹습니다.

편식하는 어린이와 같습니다.

배추흰나비는 그래서 배추잎에만 알을 낳습니다.

배추흰나비의 애벌레는 누가 시키지 않았는데도 배추잎만 먹습니다. 부모가 먹던 것을 용하게도 잘 알고 그것만 먹습니다.

집파리도 부모가 먹던 음식만 먹습니다. 썩은 물질은

집파리의 먹이입니다. 썩은 물질은 암모니아 냄새를 냅니다. 집파리는 그 냄새에 이끌려 먹이를 먹습니다.

초파리는 술 창고에 주로 삽니다. 알코올 냄새에 끌리기 때문입니다.

꿀벌도 설탕물과 민물을 이 더듬이로 알아냅니다.

쇠똥 요리사

시골에 가면 쇠똥을 굴려 가는 벌레를 볼 수 있습니다.

세상에는 먹이도 많은데 하필이면 제일 더러운 쇠똥을 굴려 먹고 살까요?

외국에선 옛날부터 이 벌레를 태양의 벌레라 하여 성스러운 벌레 대접을 하여 왔습니다.

이 쇠똥구리의 원산지가 우리나라와 만주 일대입니다. 외국에선 이 쇠똥구리의 고향을 '코리아' 라고 합니다.

쇠똥구리의 고향인 한국에서는 아주 푸대접을 하고 있습니다. 이 쇠똥구리는 곡식이나 사람에게 해를 끼치는 것이 아닙니다.

그런데 푸대접을 하다니 참으로 이상하지요?

미국에서는 이 쇠똥구리를 한국에 와서 많이 잡아갔

▼ 쇠똥구리

습니다. 한국에서 잡아간 쇠똥구리를 번식시켜 넓은 목장과 풀밭에 풀어 놓았다고 합니다.

넓은 목장과 풀밭에는 쇠똥이 너무 많이 쌓여 풀이 잘 자라지 못할 형편에 이르렀습니다. 소가 풀을 뜯으면서 마구 풀밭에 똥을 쌉니다.

목장 주인은 이 쇠똥벌레를 이용하기로 하였습니다.

정말 신기한 일이 벌어졌습니다. 쇠똥벌레가 그 많은

쇠똥을 다 먹어치웠다는 것입니다.

이 목장 주인은 넓은 풀밭에 청소비용 한푼도 들지 않고 쇠똥을 깨끗이 청소한 셈입니다.

쇠똥구리는 아주 훌륭한 청소부였습니다. 이러니 미국사람들은 이 쇠똥구리를 성스러운 벌레로 대접하지 않을 수 없지요.

쇠똥구리는 넓적 평평한 한 쌍의 앞발이 있습니다. 이것으로 쇠똥을 잘 다둑거려 둥글게 만듭니다.

이것은 암컷, 수컷이 힘을 합쳐 만듭니다. 혼자 만드는 일은 거의 없습니다.

쇠똥을 동글동글하게 뭉치면 집으로 운반합니다. 한 놈은 앞서서 당기고 한 놈은 거꾸로 서서 뒷다리로 밀어댑니다. 앞에서 당기는 놈은 수컷이고 뒤에서 미는 놈은 암컷입니다.

쇠똥을 굴려다가 겨우살이 먹이로도 하고 뭉친 쇠똥 하나에 알을 하나 낳아 새기가 까여지면 쇠똥을 먹이로 합니다.

쇠똥을 부드럽게 부수고 뭉치고 하는 솜씨는 아주 뛰어납니다.

쇠똥구리는 쇠똥 요리사요, 쇠똥 청소부로서 조금도 모자람이 없습니다.

세상에 이런 이로운 곤충이 또 어디에 있습니까?

곤충들의 말

곤충들도 저희들끼리는 말을 주고받는다고 합니다. 사람처럼 그렇게 말을 할 수는 없지만, 행동으로 생각을 전달합니다.

그 가운데서 벌과 개미가 생각을 주고받는 일을 가장 많이 합니다. 가장 머리가 좋은 곤충이지요.

춤으로 말하는 꿀벌

꿀벌은 꿀이 많이 있는 곳을 발견하면 곧바로 집으로 돌아옵니다.

꿀벌이 집안으로 들어가면 다른 벌에게 둘러싸입니다. 그 꿀벌은 꿀주머니에서 한 방울의 꿀을 뱉고는 춤을 춥니다. 둥글게 원을 그리며 춤을 추면 꿀은 90m 안에 있다는 것을 압니다.

다음엔 자리를 옮겨 또 꿀을 뱉어 놓고 다시 춤을 춥니다. 이때 추는 춤은 엉덩춤입니다.

다른 벌들은 춤추는 벌에게서 꽃향기를 맡습니다. 그 꽃향기를 기억한 후에 꽃향기를 따라 꿀이 있는 곳으로 꽃을 찾아갑니다.

90m 밖에 꿀이 있다면 어떻게 할까요?

그때에는 8자를 그리며 엉덩춤을 춥니다.

120m 쯤에 꿀이 있다면 15초 사이에 8자를 11번 그리며 돕니다.

꿀이 160m 이상 먼 곳에 있다면 어떻게 할까요?

이때는 15초 사이에 겨우 4번 8자를 그립니다. 엉덩이를 더욱 빠르게 흔듭니다. 거리가 멀면 멀수록 엉덩이를 흔드는 속도가 더 빨라집니다.

꿀벌은 춤의 속도와 엉덩이를 흔드는 정도에 따라 꿀이 있는 곳의 거리를 압니다.

방향은 어떻게 알려 줄까요?

이때 꿀벌은 8자를 그리며 춤을 춥니다. 이8자는 꿀이 있는 곳과 집을 잇는 선의 각도를 나타냅니다.

2개의 8자 고리가 겹치는 부분을 걸어가는 방향의 각도가 오른쪽이면 꿀이 있는 곳은 오른쪽입니다. 또 왼쪽이면 왼쪽에 꿀이 있다는 것을 나타냅니다.

방향은 8자의 두 고리가 만나는 직선의 방향과 관계가 있습니다.

그러나 벌들도 가끔 착각할 때가 있습니다.

어떤 벌은 그 춤을 잘못 보고 엉뚱한 곳으로 꿀을 찾아가는 일도 있다고 합니다. 그러다가 뜻밖에도 꿀이 많은 꽃을 발견하는 수가 있다 합니다. 오히려 다행스런 일이기도 하지요.

벌들이 다 꿀벌처럼 같은 말을 쓰지는 않습니다. 사람들도 나라마다 다른 말을 쓰듯 다 다릅니다. 같은 나라에서도 지방에 따라 사투리가 있는 것과 같습니다.

이탈리아 꿀벌의 한 종류는 9m에서 36m 사이에 꿀이 있다면 낫 모양의 춤을 춘다고 합니다. 낫이 열린 쪽이 꿀이 있는 곳의 방향이 됩니다.

36m를 넘으면 엉덩춤으로 바꿉니다. 거리를 나타낼 때는 흔드는 속도를 여러 가지로 바꿉니다.

꿀벌은 꿀이 있는 곳 뿐 아니라, 앞으로 새로 집을 지어 살기 좋은 곳을 알려주기도 한답니다.

벌의 수가 늘어나면 분가를 합니다. 이때 늙은 여왕은 집과 식량을 남겨 두고 반수의 벌을 데리고 나갑니다.

여왕벌을 중심으로 벌들은 옛집의 근처 나뭇가지에 뭉쳐 있습니다.

여왕벌은 새집의 장소를 찾아보게 많은 벌을 보냅니다.

좋은 집을 찾아 낸 벌은 열렬한 춤을 춥니다. 좋은 집을 찾지 못한 벌은 기가 죽어서 돌아와 춤도 추지 못합니다.

여왕은 기가 죽은 벌들을 다시 열렬하게 춤추는 벌이 찾아 낸 장소로 보냅니다. 그들은 좋은 장소를 찾아가 조사하고 마음에 들면 떼를 지어 돌아옵니다. 돌아온 벌들은 귀여운 발짓까지 합니다. 아주 흡족하다는 뜻입니다.

그럼 최후의 결정을 누가 할까요? 여왕벌이라 생각하겠지요. 아닙니다. 뜻밖에도 많은 일벌들입니다.

여왕은 일벌들에게 투표를 시킵니다. 엉덩춤을 많이 추면 여왕벌은 일벌의 뜻을 따릅니다. 물론 일벌들이 전부 다 찬성해야 합니다.

여왕벌은 투표권이 없습니다. 일벌만이 투표권이 있습니다.

개미의 말은 키스

소풍가서 먹다 남은 음식을 버리면 이내 개미가 몰려오는 것을 볼 수 있습니다.

이것은 음식 찌꺼기를 발견한 개미의 전달 때문입니다.

개미는 음식 찌꺼기를 발견하면 집에 돌아가서 많은 개미들을 데리고 옵니다.

집에 돌아온 개미는 집에 있는 다른 개미의 가슴과 배를 더듬이로 때립니다. 그러면 다른 개미들은 먹이가 있는 곳을 알게 됩니다.

아주 큰 먹이를 발견하면 큰 턱을 벌리고서 배를 높이 들어 아주 분주하게 돌아다닙니다. 그런 몸짓은 다른 개미들을 부산하게 만듭니다.

군대개미는 키스로 생각을 전달합니다. 키스하면서 뱃속에 있는 액을 상대 개미에게 넣어줍니다. 이것은 생각을 전달해주는 물질이라고 합니다. 이 물질로 상대 개미의 뜻에 따라 일하고 행동한다고 합니다.

개미들은 또 분비물을 내어 생각을 전달합니다. 이 분비물은 페로몬이라는 물질입니다.

커다란 먹이를 발견하면 이 페로몬을 뿌리며 연락하러 갑니다. 줄줄이 소문을 퍼뜨립니다. 다른 개미들은 페로몬의 냄새를 따라 행렬을 이룹니다.

곤충들의 소리 탐지기

소리를 듣는다는 건 귀가 있다는 이야기가 됩니다.

그런데 곤충에게는 그 귀가 가지각색으로 붙어 있습니다. 귀가 붙어 있는 곳을 보면 참 재미있습니다.

소리를 듣는 귀가 없다면 어떻게 될까요?

매우 답답하겠지요.

곤충의 귀는 사람과 다릅니다. 귀의 모양과 붙어 있는 곳도 다릅니다. 그래서 쉽게 찾아볼 수 없습니다.

대부분의 곤충은 몸 전체에 나 있는 털 안에 소리를 알아듣는 귀를 가지고 있습니다. 그것으로 공기의 움직임을 듣습니다. 곤충들은 자기들 무리의 소리나, 적의 소리, 먹이의 소리를 듣고 행동합니다.

초음파 탐지기

사람이 들을 수 없는 높은 소리를 초음파라 합니다. 곤충은 사람이 들을 수 없는 초음파를 듣습니다. 참으

▲ 초음파를 듣는 박쥐

로 놀랍습니다.

나방이 이 초음파를 듣는 귀가 있습니다. 참으로 신기합니다. 나방은 박쥐의 먹이가 됩니다. 박쥐는 소리를 보내어 나방으로부터 되돌아오는 소리를 따라가 나방을 잡습니다. 박쥐의 눈은 아무 쓸모없이 되었다는 건 알고 있지요?

나방도 박쥐의 습격에 먹히기만 하고 있지 않습니다. 몸 안에 초음파를 듣는 귀를 가지고 있습니다. 이 나방의 귀는 30m 밖에서도 박쥐의 소리를 알 수 있습니다. 그래서 박쥐의 소리를 듣고 도망갑니다.

▲ 더듬이로 초음파를 듣는 모기

모기도 초음파를 듣습니다. 모기가 초음파를 듣는 곳은 더듬이의 깃털입니다. 이 털이 모기의 귀 구실을 합니다. 참으로 신기합니다.

모든 귀가 막으로 되어 있지 않습니다. 곤충들 중 모기의 귀를 보면 알 수 있습니다. 모기는 작은 털의 촉각으로 소리를 압니다. 귀가 아니란 걸 이내 알 수 있습니다. 그러나 귀가 아닌 것만은 틀림없습니다. 그래도 소리를 알 수 있으니 귀라고 해야겠지요. 모기도 박쥐의 먹이가 되기 싫어 초음파를 듣는 것입니다. 박쥐의 소리를 듣고 몸을 피합니다.

밤하늘에선 박쥐와 나방, 모기의 숨바꼭질이 이루어집니다.

무릎 밑에 달린 귀

무릎 밑에 귀가 있다니 이상하지요. 여치는 무릎 밑에 귀를 가지고 있습니다. 사람이 다리에 귀를 붙이고 다닌다면 어떨까요?

아주 불편하겠지요. 귀가 부딪치면 다치기 쉽지 않아요?

여치의 귀는 무릎 밑에 있는데 작고 길쭉한 구멍이 뚫려져 있습니다.

이 안에 소리를 알아내는 고막과 소리를 전하는 신경이 있습니다.

귀뚜라미의 귀도 무릎 밑에 있습니다. 이들 귀는 아주 예민합니다. 조금만 부시럭거려도 알고 달아납니다.

가슴에 달린 귀

메뚜기의 귀는 가슴에 있습니다. 물방울무늬를 한 날개 밑에 감추어져 있습니다.

나무그루터기 같은 모양의 고막이 붙어 있습니다. 고막의 바깥쪽 끝이 날개 밑에 보입니다.
날개를 떼어내고 보면 메뚜기의 귀와 고막 전체를 볼 수 있습니다.

옆 배에 붙은 귀

풀무치의 귀도 옆 배에 붙어 있습니다. 날개를 들어 보면 가슴과 배 사이에 초승달 모양의 오목한 곳이 보입니다. 그것이 풀무치의 귀입니다.
풀무치는 메뚜기처럼 생겼습니다. 앞날개는 가늘고 길며 엷은 색입니다. 머리, 등 다리가 녹색입니다.

발끝에 달린 귀

물매미의 귀는 발끝에 있습니다. 물매미의 발끝에는 털이 있습니다. 이 털이 귀의 구실을 합니다.
이 털은 물 위를 뜨게 하는 일 뿐 아니라 근처의 바위나 떠 있는 나무조각 따위의 움직이지 않는 것까지 알아냅니다.
또 헤엄치고 있는 다른 작은 곤충이나 물에 빠져 허우적거리는 작은 소리를 느낄 수 있습니다.

물매미는 물 위를 헤엄치고 미끄러져 다니지만 이 귀(촉각)는 물 위에 드리워져 있습니다.

소금쟁이의 귀도 발끝에 있는 털입니다. 이 털로 주위에 있는 조그마한 소리를 느끼면 쏜살같이 달려옵니다. 먹이가 있으면 단번에 잡습니다.

뒷다리 위쪽에 달린 귀

바퀴벌레는 소아마비, 장티푸스, 곰팡이 식중독을 일으키는 병균을 발에 묻히고 다닙니다. 병을 옮기는 나쁜 벌레입니다. 바퀴벌레의 귀는 뒷다리 위쪽에 가느다란 감각 털로 되어 있습니다. 이것이 안테나 역할을 하며 소리의 자극을 받아 행동합니다.

농사짓는 개미

개미가 농사를 짓는다고 하면 거짓말이라고 하겠지요.

그러나 정말입니다. 곤충의 사회에서 꿀벌과 같이 협동생활을 하는 곤충으로 개미가 너무도 잘 알려져 있습니다.

수확개미

농부들은 봄에 씨를 뿌리고, 가을에 거두어들입니다. 가을에 곡식을 거두어들이는 것을 수확이라고 합니다.

개미도 씨앗을 거두는 일을 합니다. 이 개미를 수확개미라고 합니다.

수확개미는 씨앗을 심지는 않습니다. 그러나 씨를 모으는 데는 선수들입니다.

수확개미의 먹이는 씨앗입니다. 그래서 집으로 돌아올 때는 꼭 씨앗을 물고 옵니다.

씨앗을 모아 두고 먹이가 귀할 때 꺼내 먹습니다. 이 씨가 싹이 트면 집 밖에다 내놓습니다. 그러면 이 싹은 뿌리를 내리고 자랍니다. 다 자라면 열매를 맺습니다. 수확개미는 이 씨를 다시 집에다 물고 와 모아 둡니다.

곰팡이를 기르는 개미

된장을 만드는 재료는 메주이고, 술을 만드는 재료는 누룩입니다. 메주는 콩을 삶아 말리면 그 안에 곰팡이가 생깁니다. 누룩은 밀로 만드는데 밀을 빻아 뭉쳐 말리면 그 안에 곰팡이가 생깁니다. 이 곰팡이가 된장을, 술을 만드는 기본 재료입니다. 사람들은 이 곰팡이를 만드는 기술을 개미에게서 배웠는지도 모릅니다.

가위개미란 개미가 있습니다.

가위개미는 나무 위에 올라 나뭇잎을 조각으로 잘라 땅에 떨어뜨립니다. 그러면 땅에 있던 가위개미가 운반하기 좋도록 다시 조각조각 자릅니다.

조각조각 자른 나뭇잎을 양산처럼 들고 긴 열을 지어 집으로 돌아갑니다.

이 모습을 보고 '깃발을 들고 가는 주일 학교 어린이 같다.' 고 하였습니다. 또 녹색 돛단배가 경주하는 것같이 보이기도 합니다.

이렇게 나뭇잎을 모아, 그 위에 침을 내어 놓습니다. 그러면 나뭇잎 조각은 발효되어 곰팡이가 납니다. 이 나뭇잎 조각에서 자란 곰팡이는 버섯처럼 됩니다.

가위개미는 이 버섯을 먹고 삽니다. 마치 농부들처럼 버섯을 재배합니다. 사람들도 균을 길러 송이버섯, 느타리버섯, 표고버섯 등을 재배하여 식품으로 사용하고 있습니다.

그러니까 가위개미는 식량을 얻기 위해 싸울 필요가 없습니다. 식량의 원료인 나뭇잎은 가위개미들 둘레에는 얼마든지 있습니다. 그러니 싸울 필요가 없지요.

가장 평화를 누리면서 사는 개미의 무리입니다. 그러니 군대개미를 둘 필요가 없습니다. 다만 일하는 개미만 있으면 됩니다.

거지개미

일하지 않고 남의 것을 얻어먹으며 사는 개미도 있습니다. 이 거지개미는 다른 개미집에 들어가 찌꺼기를 얻어먹고 삽니다.

그러나 얻어먹기가 쉽지 않지요. 그래서 집 부근의 음식 찌꺼기나 곤충의 시체를 먹습니다. 그래서 청소개미라고도 부릅니다.

가축을 기르는 개미

개미도 사람처럼 다른 곤충을 기르며 삽니다.

개미가 기르는 가축은 무엇일까요?

그것은 바로 진딧물입니다.

진딧물이 내는 물은 달콤한 방울이 되어 나옵니다. 달콤한 물이라 해서 '감로' 라고 불립니다.

진딧물이 내는 감로는 개미가 아주 좋아합니다.

▲ 진딧물

개미가 부드럽게 진딧물을 때리면 진딧물은 감로를 냅니다. 개미는 그 감로를 받아먹습니다.

진딧물은 개미가 때리지 않아도 감로를 냅니다. 진딧물은 나뭇가지나 나뭇잎에 감로를 떨어뜨립니다. 이 감로를 나중에 개미가 먹습니다.

진딧물은 오이나 배춧잎에 잘 붙습니다. 진딧물이 있는 곳이면, 개미가 장날처럼 붐빕니다. 이것은 진딧물의 감로를 먹기 위해서입니다.

이렇게 좋은 먹이인 감로를 주는 진딧물을 어떻게 잡아먹습니까?

개미는 진딧물을 보호하여 줍니다. 진딧물이 살기가

좋지 못한 환경이면, 개미는 진딧물이 더 살기 좋은 곳으로 운반하여 줍니다.

그것 뿐이 아닙니다.

개미는 진딧물이 사는 둘레에 진흙과 나뭇잎 등으로 울타리를 만들어 줍니다. 다른 곤충의 공격을 막기 위해서입니다.

진딧물은 개미가 기르는 젖소라 할 수 있습니다.

추운 겨울이 되면 개미는 진딧물의 알을 집 속에다 가져다줍니다. 추운 겨울을 따뜻이 지내도록 합니다.

▲ 진딧물과 개미

이 진딧물의 알을 개미들은 자기들의 알을 돌보듯한다고 합니다.

열대지방의 한 종류의 개미도 목축을 한다고 합니다.

이 개미는 밀림에서 붉은 색의 연한 잎을 먹는 뿔매미와 뿔매미의 애벌레를 적으로부터 지켜줍니다.

이 뿔매미가 내는 감로를 마십니다. 물론 뿔매미가 연한 잎의 양분을 다 먹었다 싶으면 뿔매미의 애벌레를 물고 다른 잎으로 옮겨다 줍니다. 양이나 젖소를 자꾸 옮겨 놓아 먹이는 이치와 같습니다.

꿀단지개미

꿀단지개미는 자기 몸 몇 십 배의 크기의 꿀단지를 갖고 있습니다.

이 꿀단지가 꿀단지개미들의 양식이 됩니다.

꿀단지개미는 진딧물이나 다른 곤충, 그리고 나뭇잎이나 나무줄기에서 나오는 단물을 받아다 가져옵니다. 이 단물을 집에 가져오면 일개미에게 단물을 넣어줍니다. 이 일개미는 다른 개미들이 가져오는 단물을 자꾸 받습니다. 그러면 배는 자꾸 풍선처럼 부풀어 오릅니다.

단물을 잔뜩 담은 꿀단지개미는 천장에 매달려 있습

니다. 이 개미는 평생 나가서 돌아다니지 못하고 그 자리에서 단물인 꿀의 저장탱크가 되고 맙니다. 왜 자기들 무리에게 단물을 저장하는지 알 수 없습니다. 다만 자기 무리에게 저장해 두면 안심이 되기 때문이겠지요.

노예사냥 개미

일을 하자면 많은 일꾼이 필요합니다. 그러나 일꾼이 없습니다. 그러면 어떻게 하면 될까요?

돈을 주고 일꾼을 사면 되지 않을까요?

▲ 무사개미

그러나 개미들은 사람처럼 돈을 사용하지 못하니 어떻게 합니까?

노예를 부리는 것 뿐이지요. 노예는 옛날부터 전쟁포로가 대부분이었습니다. 전쟁을 하게 되면 자기 무리들도 많이 죽게 마련입니다.

그래서 노예사냥을 하게 됩니다.

노예사냥을 하는 개미는 다른 무리의 어린 벌레를 훔쳐 옵니다. 일을 시키기 위해서지요.

노예사냥 개미는 다른 개미집을 둘러싸고 공격을 합니다. 그 안에 있던 개미들은 견디다 못해 항복하고 나옵니다. 그러면 노예사냥 개미는 그 집을 휩쓸고 알과 어린 벌레를 가져갑니다.

자기 집에 가서 이 알과 어린 벌레를 키웁니다. 다 키우면 노예로 삼아 일을 시킵니다.

덮어놓고 노예사냥을 하는 건 아닙니다. 일할 양 만큼만 노예를 사냥한다고 합니다.

빵 만드는 개미

씨를 거두는 수확개미는 씨앗을 씹어 빵을 만듭니다. 수확개미가 침을 내어 씨앗을 씹으면 아주 훌륭한 빵이 됩니다.

사람들이 빵 만드는 방법을 배운 것도 이 수확개미가 아닌가 합니다. 농사만 잘 짓는 게 아니라 빵도 곧잘 만듭니다.

숲 속의 음악가

곤충은 매우 훌륭한 음악가입니다. 달 밝은 가을 밤, 창 밖에서 노래하는 귀뚜리는 대표적인 음악가입니다. 여름 뙤약볕에 높은 나뭇가지에서 노래하는 매미들도 빼놓을 수 없는 음악가입니다. 산 속의 나뭇잎이나 길가의 풀섶에서 노래하는 여치도 그 노래 솜씨 대단합니다.

곤충은 어떻게 노래할까요? 곤충 가운데서 진짜 목소리를 가진 것은 없습니다. 사람이나 새, 동물처럼 목에서 나오는 소리가 아니기 때문입니다.

곤충의 대부분은 몸의 한 부분을 움직여서 소리를 냅니다. 다만 조상 때부터 대대로 이어받은 단 한 가지의 노래만 알 뿐입니다.

바이올린 연주자(바이올리니스트)

뒷다리에 많은 가시를 가지고 그것을 비벼서 소리를

내는 곤충이 있습니다. 마치 바이올린 연주자가 활로 현을 문지르는 것과 같이 앞날개의 부챗살처럼 뻗어 있는 줄을 문지릅니다. 그러면 아름다운 소리가 나지요.

메뚜기는 뒷다리의 안쪽에 80개에서 90개의 가는 가시를 가진 털 조각이 있습니다. 이것을 앞날개에 문질러 소리를 냅니다. 메뚜기는 훌륭한 바이올린 연주가입니다.

여치도 바이올린 연주가입니다. 두 날개를 문질러 소리를 냅니다.

여치는 지칠 줄 모르는 음악가입니다. 여름 내내 날개를 5천만 번이나 문지른다고 합니다.

그러나 이것은 즐거워서 노래 부르는 것이 아닙니다. 서로 만나기 위한 신호로 노래를 부른답니다.

귀뚜라미도 바이올린 연주로는 결코 뒤지지 않습니다.

귀뚜라미는 날개를 진동시켜서 소리를 냅니다. 앞 옆 날개의 밑에 약간 두꺼운 줄칼 같은 것이 있습니다. 그리고 날개 윗면에도 이와 비슷한 것이 있습니다.

이 두 장의 날개를 문지르면서 부드러운 노래를 연주합니다. 정말 듣기 좋은 노래라 할 수 있습니다.

북치는 악사

매미들의 노래 소리는 여러 가지입니다. 그것은 종류에 따라 다르게 노래하기 때문입니다.

'매암, 매암' 하고 노래하는 건 보리매미입니다. 또 '쌔록쌔록' 하고 노래하는 건 쌀매미입니다. '찌르륵-' 하고 길게 노래하는 건 말매미입니다.

그러면 매미는 어떻게 노래를 부를까요?

▲ 매미

매미의 뱃속에는 한 쌍의 큰 고막과 공명실이 있습니다. 고막은 아주 얇은 막으로 되어 있는데 북의 가죽과 같습니다. 매미는 북 가죽과 같은 고막을 울리면 북 속과 같은 공명실에서 소리를 크게 울려냅니다. 매미의 발음기관, 즉 소리 나는 곳은 꼭 한 개의 북과 같다고 하면 되겠습니다.

매미가 부르는 노래는 암놈을 부르기 위해서입니다.

암놈도 노래를 잘 부를까요? 아닙니다. 암놈은 불행하게 벙어리입니다. 매미의 암놈을 잡아 살펴보세요. 수놈처럼 배에 엷은 막이 없습니다. 소리 나는 가죽이 없으니 소리가 나지 않지요.

곤충들의 수명

곤충의 수명이 짧다고 생각하지요? 그러나 모두 다 그런 건 아닙니다.

어떤 곤충은 50년이나 살고 어떤 곤충은 단 몇 시간밖에 못 사는 곤충도 있습니다.

50년을 사는 흰개미의 여왕

흰개미의 여왕은 50년 이상이나 산다고 합니다.

흰개미 여왕은 몸길이가 10cm이며 모양은 둥글둥글하고 살이 쪘습니다. 배는 알로 가득 차 있기 때문에 움직일 수도 없습니다. 그런데도 50년 이상 이나 산다니 놀랍기만 하지요.

보통개미의 여왕은 15년 정도 살 수 있습니다. 여왕의 몸길이는 5cm입니다.

여왕이라고 가만히 앉아서 개미들을 시키는 것이 아닙니다. 집을 짓고, 알을 낳고 먹이를 새끼에게 먹입니다.

새끼 개미들은 다 자라면 여왕의 은혜에 보답합니다.

새끼들을 돌보고, 집을 넓히고, 전쟁을 합니다.

여왕에게 지극히 충성하지요.

일개미들은 7년 정도 살다가 죽습니다.

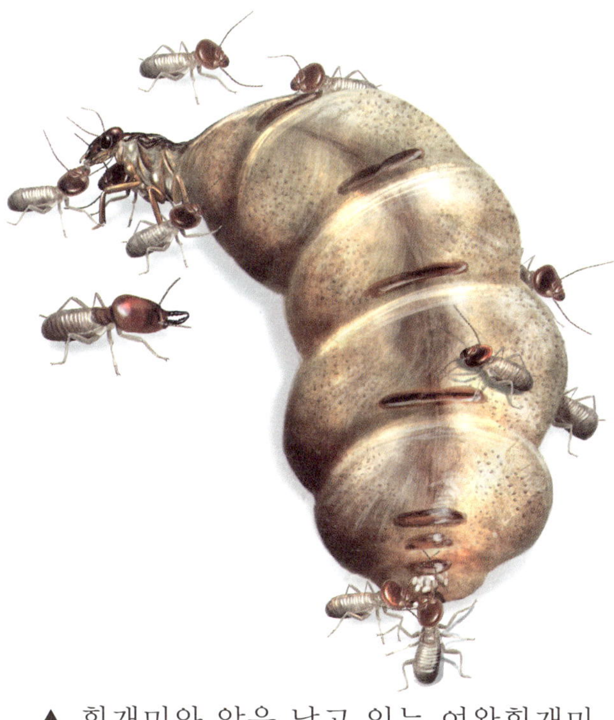

▲ 흰개미와 알을 낳고 있는 여왕흰개미

▼ 여왕꿀벌

5년을 사는 꿀벌의 여왕

꿀벌의 여왕은 5년 정도 삽니다. 5년 동안 여왕벌은 알을 낳아 자손을 퍼뜨립니다.

일벌들은 5주일 정도 살다가 죽습니다. 일벌들은 한

개의 꿀주머니를 채우기 위해 1천 5백 개의 꽃을 찾아 갑니다.

좀벌레는 7년 동안 삽니다.

덧없는 하루살이

하루살이는 자기 몸길이보다 긴 2개나 3개의 꼬리털을 가지고 있습니다. 잠자리의 날개보다 나비의 날개를 닮았습니다.

▲ 하루살이

하루살이의 애벌레는 물 속에서 2년 동안 살다가 어른이 되면 뭍으로 날아오릅니다.

하루살이의 날개는 아주 얇습니다. 다리는 걸을 수 없을 정도로 약하게 생겼습니다.

또 먹이를 먹지 않습니다. 그렇기 때문에 입이 없습니다.

그러면 무얼 먹고 살까요?

그것은 배에 공기를 가득 채워 삽니다. 따로 먹이를 먹지 않는 것은 이 공기 때문입니다.

하루살이는 공중에 날아오르면 몇 시간밖에 살지 못합니다. 그래서 사람들은 하루도 못 산다 하여 하루살이라고 이름을 붙인지도 모릅니다.

하루살이는 죽기 전까지 하는 일이 바쁩니다.

목숨이 아무리 짧아도 결혼하기 전에는 절대로 죽지 않습니다.

결혼식은 보통 저녁 일찍 물 위에서 이루어집니다.

암컷은 결혼식이 끝나면 물에 알을 낳습니다.

뇌염이나 말라리아를 옮기는 모기는 얼마나 살까요?

모기의 애벌레는 물에서 15일 동안 살다가 모기가 됩

▲ 모기

니다.

이 모기는 약 20일 동안 살다가 죽습니다.

특히 수컷이 먼저 죽습니다. 수컷은 귀머거리라 암컷의 소리를 들을 수 없습니다. 더듬이 위의 털이 귀 구실을 합니다.

땅 속의 생활 15년

매미의 애벌레를 굼벵이라고 합니다. 시골에서 두엄을 파다 보면 굼벵이를 발견할 수 있습니다.

▼ 굼벵이

이 굼벵이가 매미가 되기 위해 땅 속에서 15년이나 지냅니다.

매미의 애벌레인 굼벵이가 15년을 살고 땅 위로 나오면 약 3일 동안 번데기로 지냅니다.

매미의 번데기는 다른 곤충의 번데기와는 달리 움직일 수도 있고, 나무에서 나오는 즙을 빨아먹을 수도 있습니다.

땅 속에서 밖으로 나온 번데기는 곧 나뭇가지나 풀줄기에 기어올라 마지막 허물을 벗습니다. 가슴의 등

쪽이 갈라지고 윤이 나는 녹색의 매미가 모습을 드러냅니다.

움츠렸던 날개가 차츰 펴지고 몸도 딱딱하게 굳어져 날아다닙니다.

그러나 참으로 안타가운 일이 아닐 수 없습니다. 매미는 겨우 20일 정도밖에 못 삽니다.

▲허물을 벗은 매미

긴 땅 속 생활에 비하면 매미의 목숨은 너무도 짧습니다. 그래서 매미들은 목숨이 짧다는 걸 자기들은 잘 아는 모양입니다. 짧은 일생이지만 신나게 노래나 부르며 살다가 가겠다는 생각을 가진 듯합니다.

그러면 잠자리는 얼마나 살 수 있을까요?

잠자리의 애벌레도 물에서 살다가 잠자리가 됩니다.

잠자리는 4월에서 10월까지 삽니다. 약 6개월 이상 사는 셈이지요. 매미에 비하면 꽤 오래 산다고 할 수 있습니다. 잠자리는 살아 있는 동안 먹는 것에 취미를 붙입니다. 날아다니면서 무수히 곤충을 잡아먹습니다.

잎사귀의 진을 빨아먹는 진딧물은 얼마나 오래 살까요?

진딧물은 알에서 까여진 지 6일만에 어른이 됩니다.

4일이나 5일 동안 주로 자손을 번식시킵니다. 그리고 자손을 번식시키는 일이 끝나면 죽습니다.

진딧물은 겨우 한 5일 동안밖에 살지 못합니다.

거미는 보통 6개월을 살기도 합니다.

6월쯤 나타나 겨울이 되면 알을 낳고 죽습니다.

거미는 곤충같이 보이지만 곤충의 종류는 아닙니다. 날개가 없고 다리가 8개나 되어 곤충의 종류에서 빠졌습니다.

또 어떤 거미는 3년쯤 사는 것도 있습니다.

수놈은 결혼을 하면 죽습니다. 수놈은 태어나서 3개월쯤 살다가 죽으니까 거미 가운데에선 짧은 생명입니다.

거미의 구조

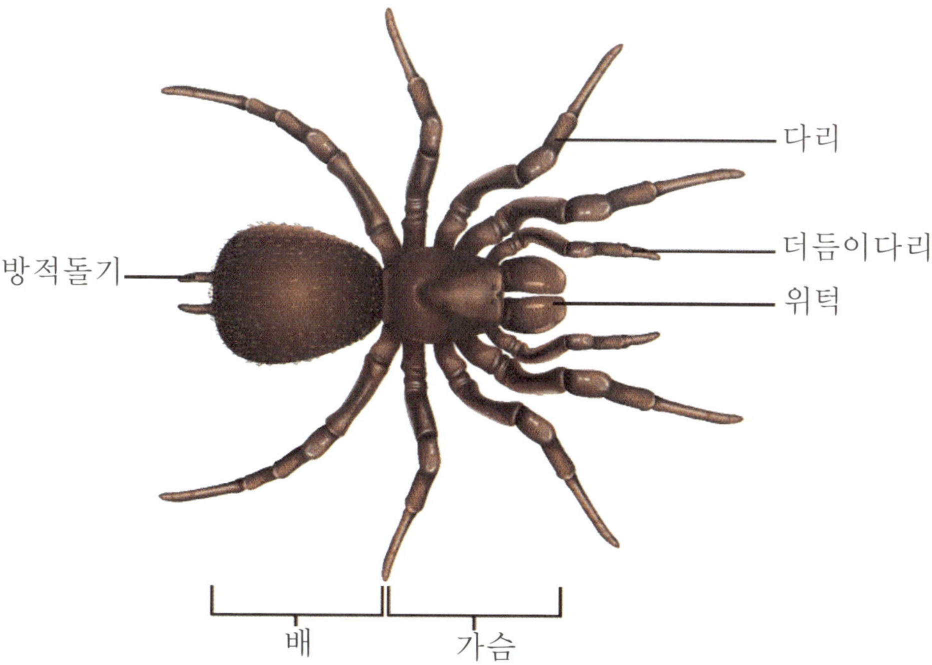

배꼽시계

사람들은 시간을 알기 위해 손목에 시계를 잡니다.
그런데 곤충들도 시계를 가지고 있다면 깜짝 놀라겠지요.
곤충들은 몸 속에 자기들만 아는 시계를 가지고 있습니다.

해시계

누에의 번데기가 두터운 고치 속에서 어떻게 봄을 알고 잠에서 깨어나는지 궁금하지요?
누에 번데기의 뇌에서는 전자계산기와 같은 시계가 있습니다.
하루 24시간 동안 밝은 시간과 어두운 시간을 계산하고 있습니다.
봄이 되어 점차 낮의 시간이 길어지면 번데기는 잠에

서 깨어납니다.

하루 해의 길이가 8시간 정도의 짧은 겨울 동안엔 번데기는 잠을 자면서 쉽니다.

해의 길이를 정확히 재는 시계를 몸 속에 지니고 있습니다.

집파리가 번데기에서 까여지는 시간은 아침나절입니다. 이 집파리는 해시계를 몸 속에 지니고 있기 때문입니다.

벌의 몸 속 해시계는 아주 특이합니다. 전날 찾아 간 꽃이 언제 피어나는지 그 시간을 정확히 압니다. 그 꽃

▲ 꿀벌

이 피어나는 시간을 계산해서 꼭 그 시간에 다시 찾아갑니다.

나비나 잠자리도 해시계를 몸 속에 지니고 있습니다. 해가 동쪽에 솟아오르면 잠에서 깹니다. 그리고 날아다니면서 활동합니다.

달시계

밤나방은 해가 지고 밤이 되어야만 활동합니다. 밤나방은 몸에 달시계를 지니고 있습니다.

밤에만 활동하니까요.

밤나방과 달맞이꽃은 참으로 친합니다. 달맞이꽃은 밤에만 핍니다. 대부분의 꽃들은 낮에 피고 저녁엔 오므라듭니다. 그러나 달맞이꽃은 그 반대입니다.

낮에 피는 꽃은 색깔이 화려합니다. 밝기 때문에 어떤 색깔이든지 잘 눈에 뜨입니다. 그러나 밤에 피는 꽃은 어떻습니까? 낮에 피는 꽃처럼 화려해서는 컴컴한 밤에는 얼른 눈에 뜨이지 않습니다. 그래서 흰색이나 노란색입니다.

달맞이꽃 빛깔은 노란색입니다. 밤나방은 노란색 달맞이꽃에 날아가 앉아 꿀을 빨고 꽃가루받이를 하여 줍니다.

▲ 밤나방

모기도 달시계를 몸 속에 지니고 있습니다. 해가 지고 밤이 오는 것을 용하게 압니다. 밤이 되면 모기는 제 세상인양 동물이나 사람의 몸에 붙어 피를 빨아먹고 병을 옮겨 줍니다.

남태평양에 사는 팔롤로벌레는 보름달이 지나고 3일 후면 꼭 바닷가에 나와 알을 낳습니다. 그것도 해가 진 뒤 꼭 54분 후에 알을 낳는다고 합니다.

아주 훌륭한 달시계를 지니고 있습니다.

▲ 개똥벌레

개똥벌레도 훌륭한 달시계를 가지고 있습니다.

해가 진 뒤 30분 후부터 날아다닙니다. 밤 8시나 9시쯤엔 활발히 날아다닙니다. 시골의 초저녁은 날아다니는 반딧불로 수를 놓습니다. 이 시간이 개똥벌레가 활발히 날아다니는 시간이기 때문입니다.

대게 밤 10시가 지나면 날지 않고 빛도 내지 않습니다. 요사이는 농약 때문에 반딧불도 잘 볼 수 없게 되었습니다.

날씨 점쟁이

개미를 날씨 점쟁이라고 부릅니다. 개미는 비가 오려고 하면 알을 물고 떼를 지어 피난 갑니다.

시골에선 이 개미들의 행렬을 보고 시장 보러 간다고 합니다. 닷새 만에 열리는 장에 시골 사람들은 곡식이나 채소를 이거나 지고 가는 모습과 같기 때문에 그렇게 말하는지도 모릅니다.

개미는 어떻게 비가 오려고 하는지 미리 알까요?

개미는 온도 변화에 대하여 아주 예민하게 압니다.

비가 오려고 하면 습도가 높습니다. 그래서 무덥습니다.

개미는 이 변화를 몸 속 계산기로 알아냅니다. 그래서 개미들의 집에 물이 들어갈 걸 알고 높은 곳의 집으로 이동합니다.

도전 리틀과학자

곤충들의 놀라운 세계

2016. 11. 3 인쇄
2016. 11. 5 발행

글 대한과학진흥회
그림 위스뉴스키 피에르
펴낸이 신 주 황
펴낸곳 스완미디어
등록 제2-4534호
주소 서울시 중구 중림동 128-15 구본빌딩
홈페이지 www.dollplaybooks.com
대표전화 02) 393-0026
팩스 02) 312-8349

ISBN 978-89-92565-88-2
ISBN 978-89-92565-70-7 (SET)

값 9,800원

C=O
NH2
CH3-CH2-CH2-CH3
Al(OH)3→Al2O3+3H2O
CH3-COOH
NO2
HN
N
R1
R2
CN
CH3C=O
NH2

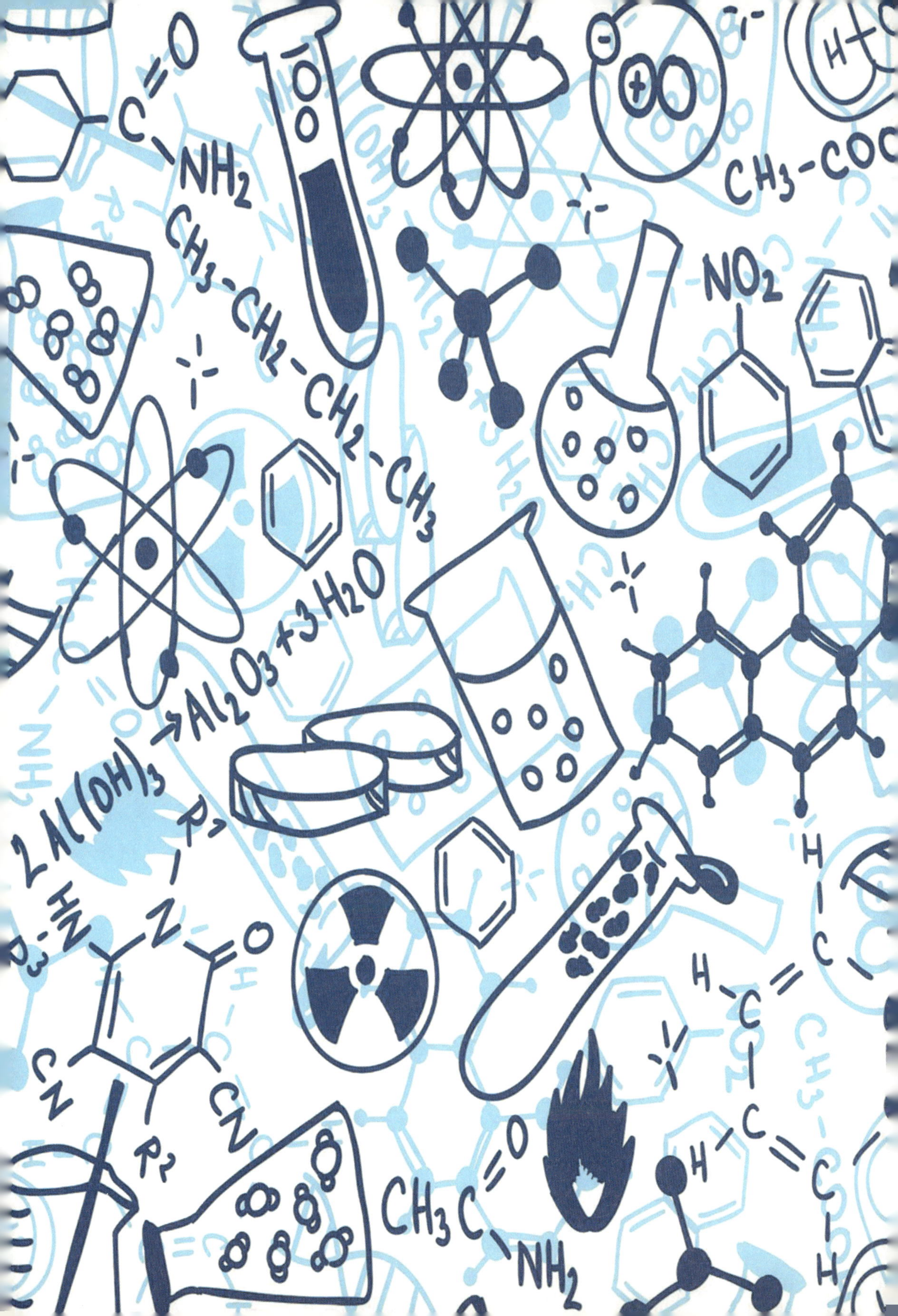

C=O
NH2
CH3-CH2-CH2-CH3
NO2
2Al(OH)3 → Al2O3 + 3H2O
CH3C=O
NH2

C=O
NH2
CH3-CH2-CH2-CH3
CH3-COOH
H-O
NO2
Al(OH)3 → Al2O3 + 3H2O
R1
HN
N
O
CN
R2
CH3C=O
NH2

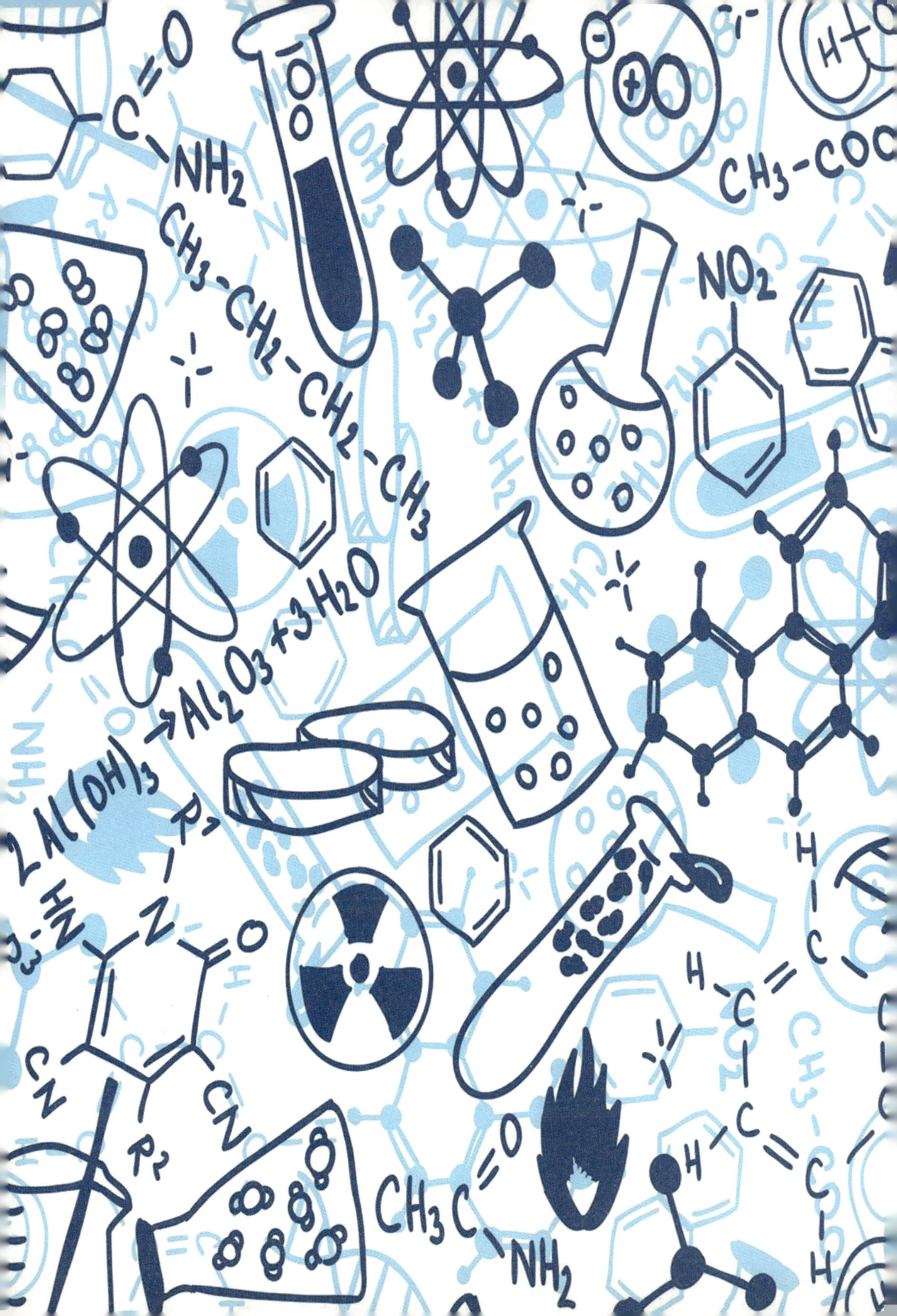
C=O
NH2
CH3-CH2-CH2-CH3
CH3-COO
NO2
2Al(OH)3→Al2O3+3H2O
HN
N
R1
CN
CN
R2
CH3C=O
NH2
H
C
H
C
H
C